「経理」の本分

部署の存在意義，業務の原則，部員の心得

公認会計士 武田雄治 [著]

中央経済社

はじめに

　本書は，上場企業の経理部員をターゲットに書きました。上場企業の経理部に配属された方が最初に手にすべき本が見当たらなかったからです。

　経理実務について書かれている本は，未上場企業（中小企業）の経理部員をターゲットにしています。そこに書かれていることも大切なことばかりですが，上場企業ではあらゆる利害関係者が取り巻いているため，上場企業特有の経理・決算・開示の実務が多くあります。本書では，他の経理実務の解説書に書かれていることや，制度会計の説明は省きました。上場企業の経理部員が知っておくべき経理部の本分・存在意義，上場企業特有の業務内容，経理部員としての心得をまとめました。

　私は，監査法人退職後，上場企業の経理部で勤務したことがあります。業務量が多く，大変な部署だと思いましたが，他方で，経理部が発信する情報をもとに各利害関係者が重大な意思決定を行い，それによっては経営者，会社，社会が変わっていくのを見て，「こんなやりがいがあり，素晴らしい部署はない！」と思いました。経理部が進化すれば，あらゆるものが変わるのです。

　1社でも多くの上場企業の経理部を進化させたいと思い，14年前に独立して以来，「経理を変えれば会社は変わる」との理念を掲げています。これまで上場企業100社以上を訪問し，上場企業の経理部で働く方を数千人見てきましたが，私と同じように「経理の仕事ほど面白いものはない」「もっと経理を極めたい」という経理部員は多く，また異動や役員昇進を断り「生涯経理」を宣言している経理部員も結構多いことを知り

ました。

　人は誰かの役に立っている時や，感謝された時にモチベーションが上がるものです。モチベーションの極めて高い経理部員は，自分のやっている仕事が，経営の役に立ち，経営の一翼を担い，経営の中核を成し，経営者に頼られている，ということを知っています。経営者から「ありがとう」と言われる仕事をしています。経営者のアクセル役にもブレーキ役にもなっています。つまり，経理部が「経営者や事業部門を支援するサービス部門」になっています。私はこのような経理部を「真の経理部」と呼んでいます。経理部の仕事が，仕訳を切り，決算を締め，書類を作成するだけであれば，モチベーションは上がりません。このような単調な仕事を効率的に行っても，経営者から「ありがとう」と言われることはなく，いずれはAIに奪われるはずです。

　上場企業の経理部に配属された方は，まずは，何のために経理部という部署が存在するのかという存在意義や目的を知ってください。そして，日々の業務を通して，経理部を「真の経理部」に進化させ，経営者や会社を突き動かす仕事をして欲しいと思っています。あなたが変われば，すべてが変わります。

　本書がきっかけで，皆様の仕事に対するモチベーションが変わり，「真の経理部」が1社でも多く生まれてきたら，筆者としてこれ以上に嬉しいことはありません。

　なお，本書の刊行は，クライアント各社様との出会い，中央経済社の坂部秀治編集長の協力なしにはなし得ませんでした。ここに記して御礼を申し上げます。

　2019年11月

公認会計士　武田雄治

目　　次

はじめに

第1章　経理部の本分と存在意義
―「真の経理部」とは何か————————1

1 経理部の本分とは・2

2 経理部とは何をする部署なのか・3

3 経理部の3つの段階の進化のプロセス・6

4 「情報製造業」と「情報サービス業」の違い・10

第2章　経理部の仕組み
―経理部の6つの業務————————17

1 経理部の業務の本質は「インプット→スループット→アウトプット」による価値創造・価値提供にある・18

2 企業全体における経理部の価値創造・価値提供のプロセス・22

3 経理部の主たる6つの業務・25

第3章　経理部の日常業務とは
―日常的に経理部員は何をすべきか————————29

1 インプット業務（仕訳入力）・30

【インプット業務の原則1】事象と仕訳に同時性があること・31

【インプット業務の原則2】事象と仕訳が一対一であること・32

【インプット業務の原則3】仕訳入力はエビデンスベースであること・33

【インプット業務の原則4】自社の事業内容や事業モデルを理解していること・34

2

2 チェック業務（検証・統制）・34

【チェック業務の原則1】全件チェックをすること・35

【チェック業務の原則2】チェックもエビデンスベースであること・36

【チェック業務の原則3】第三者によるチェックであること・37

【チェック業務の原則4】性悪説的なチェックであること・37

【チェック業務の原則5】チェックする際はアサーションを意識すること・38

3 管理業務（債権債務管理等）・42

【管理業務の原則1】明細作成ではなく，実態把握をすること・42

【管理業務の原則2】経営者やフロントオフィスにフィードバックすること・45

【管理業務の原則3】取引の実態に合わせて進化させること・48

4 決算業務から逆算した日常業務の仕組みの作り方・49

第4章　経理部の決算業務とは
―ディスクロージャーのために経理部員は何をすべきか―――――51

1 アウトプット業務（決算・監査資料作成）・52

【アウトプット業務の原則1】第三者が見てわかる資料を作成すること（属人化を排除すること）・53

【アウトプット業務の原則2】網羅的に作成すること・57

【アウトプット業務の原則3】有用性のあるものを作成すること・62

【アウトプット業務の原則4】資料は「縦割り」ではなく「横串」で作ること・66

【アウトプット業務の原則5】体系的に保管すること（リファレンスナンバーの導入）・67

2 分析業務（財務分析の実施）・79

【分析業務の原則1】分析業務の目的を知っておくこと・80

【分析業務の原則2】分析業務は経理部で実施すること・81

【分析業務の原則3】分析は「指標算出」ではなく，数値の動きを言葉

で説明すること・81

【分析業務の原則4】 性悪説的に見ること・84

【分析業務の原則5】 分析もエビデンスベースであること・85

【分析業務の原則6】 長期のトレンドを追うこと・86

【分析業務の原則7】 リードシートを作成すること・91

【分析業務の原則8】 森を見てから枝を見ること（マクロ的な視点を持つこと）・93

【分析業務の原則8－2（補足）】 幹から根の奥深くまで掘り下げてみること（ミクロ的な視点を持つこと）・95

【分析業務の原則9】 「分析＞突合」・98

【分析業務の原則10】 勝手な重要性基準を設けないこと・100

③ 開示業務（開示資料作成）・101

【開示業務の原則1】 最終成果物を理解すること・101

【開示業務の原則2】 ゴールから逆算して考えること・103

【開示業務の原則3】 資料は「縦割り」ではなく「横串」で作ること・108

第5章 経理部のサポート業務とは
―経営をサポートし，企業価値を高めるために経理部は何をすべきか―――――117

① 1stステップ：現状を知る（過去の数値を分析する）・120

② 2ndステップ：1年後を予測する（未来を読む）・122

③ 3rdステップ：5年後のストーリーを描く（企業価値を高める）・126

 (1) 未来を描く視点・126

 (2) 経理部が企業価値を高めるためにやるべきこと・128

  Ⓐ：資金調達・131

  Ⓑ：キャッシュの循環・132

  Ⓒ：キャッシュの最適配分・135

 (3) 企業価値を高めるためのストーリーを描く・138

4

第6章　自己の価値を向上させる経理部員の心得
―自分が変われば会社は変わる――────141

1 AIに仕事を奪われないための心得・142

　心得1：AIに仕事が奪われると騒ぎすぎない・142

　心得2：目の前の仕事を極めろ・144

　心得3：経理部の仕事は金庫番でも仕訳屋でもない・145

　心得4：決算担当者の仕事は，決算を「締める」ことではない・146

2 「真の経理部」に必要とされる経理部員になるための心得・146

　心得5：現場（フロントオフィス）で何が行われているのかに関心を持て・147

　心得6：自社の製品・サービスを使え・148

　心得7：業界のトレンドや消費者の動向に関心を持て・148

　心得8：社会・経済の動きに関心を持て・150

　心得9：利害関係者が何を求めているのかを見抜く力を付けよ・152

　心得10：自社のストーリーを描け・153

　心得11：わかりやすく表現するプレゼン力を身に付けよ・156

3 人の上に立つ者の心得・158

　心得12：経理部のビジョンを示せ・158

　心得13：部門長は部のトップであるだけでなく，他部門との調整弁でもある・161

　心得14：プレイングマネージャーになるな・162

　心得15：属人化は「悪」である・163

　心得16：指示と感謝は具体的に言葉で伝えろ・166

4 部下としての心得・167

　心得17：若いうちは仕事を選ばず，何でも吸収せよ・167

　心得18：ビジネスアワー以外の時間の使い方で人生は変わる・169

　心得19：自ら手を挙げて，上司の仕事を奪え・169

　心得20：おかしいと思ったことは上司に直訴せよ・170

　心得21：過去のやり方を踏襲する必要はない・171

目　次　5

5　仕事の生産性を高めるための心得・171

心得22：1日2時間集中すれば大抵の仕事は片付く・172

心得23：自分の価値と労働時間は比例しない・174

心得24：自分の価値と年収はいずれ収斂する・175

心得25：隣の芝を見るな，生き急ぐな・175

心得26：転職・独立も考えておけ・176

参考文献・178

✐本書の全体像✐

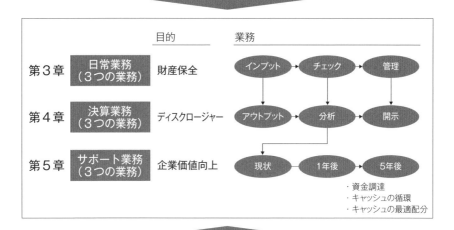

第1章

経理部の本分と存在意義
—「真の経理部」とは何か

本章のポイント

経理部とは	経理部とは，社内外から入手した情報を加工・変換し，各利害関係者の求めに応じて，情報を提供・報告する部署である。
経理部の本分	・財産保全 ・ディスクロージャー
経理部の存在意義	経営者や事業部門を支援するためのサービス部門
経理部の進化のプロセス	「情報倉庫業」→「情報製造業」→「情報サービス業」
真の経理部	「情報サービス業」

1 経理部の本分とは

　経理部の本分は，日常業務を通して「**財産保全**」（会社の財産を守ること）をし，決算業務を通して利害関係者が要求する情報をタイムリーに提供する「**ディスクロージャー**」（情報を提供・報告すること）をすることである。

　経理部に配属されたのに，経理部の本分（財産保全とディスクロージャー）がわかっていない人や，関心のない人が非常に多い。上場企業の経理部員でも，自社がどのような財産を保有しているのか，自社がどのようなディスクロージャーをしているのかを知らない人が多い。決算担当者ですら，自社の最終成果物（有価証券報告書や決算短信等）を見ていない人が少なくないことには驚かされる。

　日常業務として月に何千枚という仕訳伝票を入力したり，決算業務として決算書の雛形に数値を当てはめる作業をしたりと，機械的・形式的な仕事に終始している人も多い。多くの企業の経理部の業務はこのような単純作業の繰り返しで終わっており，財産保全とディスクロージャーが十分にできているとは思えない。経理部は仕訳を切るだけの部署でもなく，決算書を作成するだけの部署でもない。「仕訳屋」「決算屋」であるならば，経理部の業務はすべてアウトソーシングすればよく，企業に「経理部」という部署を置く意味はない。

　多くの企業の経理部がこのように機械的・形式的な仕事に終始しているために，経理部はAIに仕事を奪われる仕事のランキングの上位に挙げられる。しかし，**本来，経理部の仕事は，AIに簡単に奪われない「思考」（考えること）を必要とする仕事である。**つまり，AIに奪われるよ

うな仕事はとっととAIに任せるか，アウトソーシングすべきであり，経理部員は「思考」（考えること）を必要とする仕事をしていかなければならない。いつまでも機械的・形式的な仕事に終始していたら，本当にAIに奪われ，経理部（員）の存在意義は消滅することになるだろう。

【図表1-1】「よくある経理」と「本来の経理」

よくある経理	本来の経理
機械的・形式的な単純仕事 頭を使わない仕事 雛形に当てはめる決算書作成 事実を伝えるだけのディスクロージャー	単純にはできない思考する仕事 頭を使う仕事 利害関係者の求めに応じた価値提供 企業価値を高めるためのコミュニケーション
AIに奪われる仕事	これからの経理部員に求められる仕事

2 経理部とは何をする部署なのか

そもそも，経理部とは何をする部署なのであろうか。

伝票を入力する部署なのだろうか。請求書を発行する部署なのだろうか。入出金管理をする部署なのだろうか。経費精算チェックをする部署なのだろうか。そんなことをするために何人もの正社員を抱え込んでいるのだろうか。

経理部には社内外から多くの情報が集約されてくる。営業部門からは受注関連の情報がやってくる。購買部門から仕入関連の情報がやってくる。製造部門からは製造・納品関連の情報がやってくる。他の管理部門からもさまざまな情報がやってくる。それに伴い，稟議書・発注書（控），注文書（控）・注文請書・契約書等の書類も回ってくる。

あらゆる情報が経理部に回ってくるが，経理部はそれを（倉庫業のように）ストックすることが仕事ではない。また，それらをもとに仕訳を入力することが仕事でもない。それらの情報を「数字」に置き換え，価値ある情報に加工・変換し，その付加価値がある情報を社内外の利害関係者に提供することが経理部の本来の仕事である。これは，一般的な製造工場が，モノを仕入れ，加工・製造し，付加価値をつけて出荷することと何ら変わりはない。**経理部は，情報を仕入れ，数値に加工・変換し，付加価値をつけて出荷するという情報の製造工場である。**

そこで，私は「経理部」を次のように定義している。

　経理部とは，社内外から入手した情報を加工・変換し，各利害関係者の求めに応じて，情報を提供・報告する部署である。

企業には，あらゆる利害関係者が取り巻いており，それぞれの利害関係者が求める情報は異なる（【図表１－２】参照）。つまり，経理部が発信する情報は画一されたもの（雛形に当てはめたもの）ではなく，それぞれの利害関係者が求めているものでなければならない。また，その発信する情報は，決算日から何か月も経った陳腐化された情報では意味がないから，できるだけタイムリーに発信しなければならない。

経営者などの利害関係者は，経理部が発信する情報をもとに重大な意思決定を行う。その情報が不十分であったり，虚偽であったり，陳腐化していたりと価値のないものであれば，誤った意思決定を行う可能性もある。それが社外の利害関係者（投資家等）に提供される場合は，株価に影響を及ぼすかもしれないし，上場廃止になることもある。そのため，正しい情報を提供・報告しなければならない。

つまり，経理部からの情報の提供・報告は適法・適正・適時の３要件

を充たさなければならない。

【図表1－2】利害関係者が経理部に求める情報（例）

利害関係者	求める情報	求める資料等
経営者	自社の業績等	月次決算，予実分析，趨勢分析，資金繰り表等
自社の他部門	自社・自部門の業績等	販売実績，部門成績等
親会社	子会社等の業績等	連結情報等
投資家	投資意思決定情報，投下資本の運用状況等	有価証券報告書，決算短信，アニュアルレポート，統合報告書等
債権者	債権の回収可能性等	会社法計算書類，事業報告等
税務当局	課税所得等	納税申告書等

　経理部は，「何の付加価値も生まない部門」「利益を生まないコストセンター」といわれることがある。しかし，経理部が何の付加価値も生まない部門と思われるようではいけないし，そのようにいわれても同調してはならない。経理部は「経営の中枢部門」であり，「経営の指令基地」と思われるような部署に進化させなければならない。また，「経営者や事業部門を支援するサービス部門」でなければならない。

　社長が困った時に経理部に聞きにくることがあるだろうか。取締役会に経理部員が呼ばれることがあるだろうか。事業部門の人たちが数字を聞きにくることがあるだろうか。経理部は「利害関係者から頼られる部署」にならなければならない。

　経理部にとって，利害関係者は「お客様」である。一般的に「お客様」は，わたしたちに何を要求しているのかを言ってくれない。だから，「お客様」が何を求めているのかを理解するマーケティング力が求められる。その「お客様」の期待を超える情報を，期待を超えるスピードで

伝える**伝達力**も求められる。伝達した後に，「お客様」をフォローし，情緒的なつながりを大切にし，信頼関係を築いていく**人間力**も求められる。そして，経営（者）を動かす**リーダーシップ力**，**行動力**も求められる。「お客様」からの期待を超えた時に，「お客様」からの"ありがとう"をいただける。その"ありがとう"が増えれば，仕事のやりがい・モチベーションがさらに上がるはずである。

　このように，経理部は責任重大で大変な部署ではあるが，わたしたちが発信する情報の質・量・迅速性によって利害関係者から感謝され，利害関係者の意思決定や行動が変わり，場合によっては経営（者）を動かすこともでき，ひいては，会社を動かすこともでき，社会も動かすことができる。こんなやりがいがあり，素晴らしい部署はないと思う。

3 経理部の3つの段階の進化のプロセス

　経理部は倉庫業のように情報をストックするだけでとどまってはならないし，製造業のように価値ある情報を作り上げることにとどまってはならない。経理部は，各利害関係者に対して，期待を超えるサービスを提供するサービス業へ進化させなければならない。

　経理部は情報の倉庫業から，製造業へ，さらにサービス業へと，3つの段階の進化のプロセスを辿る。

　中小企業の経理部の多くが，第1段階の「情報倉庫業」にとどまっている。「金庫番」「仕訳屋」「決算書作成屋」にとどまり，各利害関係者に対して価値ある情報をタイムリーに提供することができていない。記帳や決算書作成を税理士に丸投げし，社内の誰も数値を把握していないという企業もある。税理士に丸投げはしていなくても，仕訳入力，経費精算，振込業務などに終始しているという企業も多い。

第1章 経理部の本分と存在意義 7

【図表1－3】 経理部の3つの段階の進化のプロセス

第1段階 （よくある中小企業 の経理部）	「情報倉庫業」 経理部の業務の多くが仕訳入力で終わっている。決算書は雛形に数値を当てはめるのみであり，各利害関係者に対して価値ある情報をタイムリーに提供することができていない。
第2段階 （よくある上場企業 の経理部）	「情報製造業」 各利害関係者に対して価値ある情報をタイムリーに提供するところまではできているが，その情報の多くは単に「事実」を伝えることにとどまっている。新たな価値を創造したり，企業価値を高めたり，経営のサポートをしたりする部署にまでは至っていない。
第3段階 （真の経理部）	「情報サービス業」 各利害関係者に対して価値ある情報をタイムリーに提供することは当然のこと，新たな価値を創造したり，企業価値を高めたり，経営のサポートをしたりする部署に進化している。

　上場企業の経理部では，さすがにこのレベルではないが，決算短信の雛形を埋めることに精一杯で，各利害関係者に対して価値ある情報をタイムリーに提供できていない企業は少なくない。

　上場企業の経理部の多くは，第2段階の「情報製造業」にはなっている。つまり，各利害関係者に対して価値ある情報をタイムリーに提供するところまではできている。

　しかし，「当期の利益は10億円でした」と，単に「事実」を伝えることにとどまっている企業が多い。当期の利益がいくらかというのは財務諸表を見ればわかる。そんなものは実は価値でもなんでもない。

　経営者や投資家等の利害関係者が知りたいことは，単なる「事実」ではなく，「なぜ10億円だったのか」「なぜもっと利益が出なかったのか」「なぜ予測と乖離したのか」「来期はどうなのか」といった財務諸表の裏に隠れた「真実」である。会社の数値を最もよく知っている経理部員が

財務諸表の数字とじっくり対話し、「なぜ」「どうして」を繰り返すことにより、経営の実態を浮かび上がらせないといけない。経理部は、ここまでのレベルの財務分析を実施し、その分析結果を各利害関係者に伝える義務がある（財務分析の手法についてはP.79で述べる）。

「情報製造業」まで進化している経理部には、①単に情報を製造し、単に「事実」を伝えることにとどまっている、単なる「情報製造業」と、②財務諸表の数字とじっくり対話し、経営の実態を各利害関係者に伝えている「高度な情報製造業」に二分される。しかしながら、上場企業の経理部においても、多くが①で留まっている。

第3段階の「情報サービス業」まで進化している経理部は、上場企業の上位1〜2割だと思われる。ここまで進化している経理部は、単なる業績報告や分析結果の報告では終わらない。

その結果を踏まえて、会社にどういう問題・課題があるのか、どこに顕在的・潜在的なリスクを抱えているのか、どこに経営資源を投下すべきなのか、会社はどこへ向かうべきなのか、それによって会社の数字はどうなるのか、といった経営者等の意思決定をサポートする情報をタイムリーに伝えている。経営者に情報を伝える前に、経理部内で分析結果を元に次の経営戦略・戦術を練ることもある。場合によっては経営者を突き動かしたり、歯止めをかけたりもする。

このような経理部は、先述のとおり、「経営の中枢部門」「経営の指令基地」となり、「経営者や事業部門を支援するサービス部門」となっている。そして経営者等の利害関係者の期待を超える情報を、期待を超えるスピードで発信している。私は、「情報サービス業」へと進化した経理部を「真の経理部」と呼んでいる。

ここで、日本を（もしくは世界を）代表する経営者の顔を思い浮かべ

て欲しい。彼らはなぜ思い切った意思決定を行うことができるのだろうか。彼らはなぜ数字に強いのだろうか。

それは，彼らが簿記や会計の勉強をしたからではない。彼らの後ろに経営の司令塔が存在するからである。Ｆ１ドライバーはピットから無線でさまざまな情報をタイムリーに伝えられているから，時速300キロで走りながらも瞬時の意思決定ができる。経理部は，経営者に対して，アクセルを踏ませ，ブレーキを踏ませ，時にはピットに入らせる，そういった指令を出すという役割も負っている。経理が変われば，経営者が

【図表１－４】経理部から伝えるべき価値ある情報とは

単なる事実

「当期純利益は，10億円となりました。」

財務諸表の裏に隠れた真実

・なぜ10億円だったのか
・なぜもっと利益が出なかったのか
・なぜ予測と乖離したのか
・来期の予測はどうなのか

etc.

経営者等の意思決定をサポートする情報

・会社でどのような事業活動が行われたのか
・業界内（競合他社）にどのような動きがあったのか
・社会，経済にどのような動きがあったのか

・どこでアクセルを踏み，どこでブレーキをかけるべきか
・撤退・売却すべき事業等はないか
・余剰資金はどこに使うべきか

・会社の将来性，成長力はどうなのか
・現在の問題点・課題は何か
・潜在的リスクは何か

etc.

変わり，会社は変わる。経理部は，経営者を変え，会社を変えなければならない。

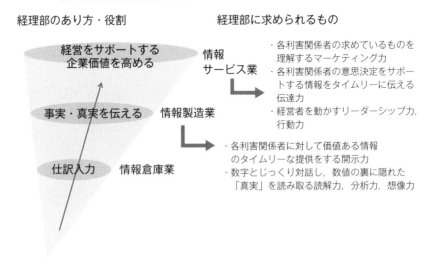

4　「情報製造業」と「情報サービス業」の違い

　すべての経理部は，「情報倉庫業」→「情報製造業」→「情報サービス業」へと進化させなければならない。そうすると，経理部の守備範囲（業務範囲）は天文学的に拡大することになる。従来，「金庫番」「仕訳屋」「決算書作成屋」にとどまっていた経理部が，財産保全とディスクロージャーをきちんと実施することになるし，さらにその先の数字との対話や経営のサポートまで実施することになる。すると，これまでの経理部のリソースで経理部を進化させることはできるのか，労働時間が増えるのではないか，決算発表が遅れるのではないか，という疑問を抱か

れるかもしれない。

しかし，「情報倉庫業」→「情報製造業」→「情報サービス業」へと進化すればするほど，決算発表は早く，労働時間は少なく，経理部のリソースを十分に活かしている，という傾向がみられる。逆にいえば，決算短信の発表日が圧倒的に早い企業の経理部は「情報サービス業」にまで進化していることが多いし，決算短信の発表日が極端に遅い企業の経理部は「情報倉庫業」にとどまっていることが多い。

経理部の守備範囲（業務範囲）が広い企業のほうが決算発表が早く，狭いほど決算発表が遅れるという一見矛盾するようなことが，なぜ起こるのか。

それは，経理部（員）の見ている視点が異なるからである。決算短信の発表日が圧倒的に早い企業の経理部（員）や，「情報サービス業」にまで進化している経理部（員）は，決算短信を作成し発表することが決算の最終ゴール（主たる業務）とは思っていない。他方で，決算短信の発表日が極端に遅い企業の経理部（員）や，「情報倉庫業」にとどまっている経理部（員）は，決算短信を作成し発表することが決算の最終ゴールかのような働き方をしているし，それが主たる業務となってしまっている。

つまり，「情報サービス業」の経理部（員）は「森」を見ているのに対し，「情報倉庫業」の経理部（員）は「枝」しか見えていない。この「森」を見る視点を持っているか，「枝」を見る視点しか持っていないかの違いが，経理部のあり方・役割まで変えてしまうのである。

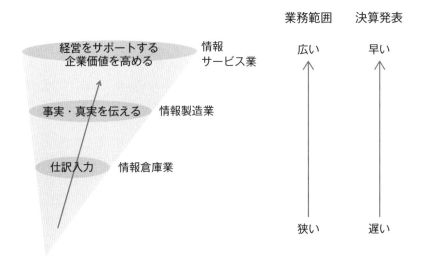

　英国の歴史学者・政治学者であるパーキンソン（1909〜1993）は，英国の役人の数が仕事量とは関係なく増え続けていることを観察し，「**仕事の量は，完成のために与えられた時間をすべて満たすまで膨張する**」という『パーキンソンの法則』を提唱した。これは，経理部の業務についてもいえることである。

　決算短信の発表予定日が決算日後45日目であれば，与えられた時間（決算日から45日間）をすべて満たすまで仕事の量は膨張し，その間は決算短信を作成することだけに多くの時間が費やされる。そして，もともとやる必要のなかった仕事までやることになる。仕事の効率化を図ろうとしても，もともとやる必要のなかった仕事を効率的にやることにしか手が回らず，いつまで経っても本質的な効率化を図ることができないという非効率を生み出すことになる。

　しかし，経理部が「情報サービス業」にまで進化している場合，45日かけて決算短信を作成すればいいという考えが最初から存在しない。単

体決算の速報値は決算日後数日以内に経営者に伝えられ，決算短信もできるだけ早く公表する。決算を締めることも，決算短信を発表することも，決算の最終ゴールとは思っていないから，必要な業務だけを効率的に実施している。

決算の早期化・効率化を図ろうとすると，新たなITシステムを導入したり，経理部員を増員したりしなければならないと思い込んでいる人が多いが，根本的に間違えている。そういうことをしても大した効果は出ない。もともとやる必要のなかった仕事をシステム化したり，人員を増やしたりして対応しても，根本的な解決にはならない。**決算を早期化・効率化させるために必要なことは，「森」を見る視点を持つことである。**

話は逸れるが，近時の経営課題となっている「働き方改革」への対応にも同じことがいえる。上場企業の経理部においても残業禁止，休日出勤禁止というところが少なくない。他方で，月間100時間を超える残業をしている経理部も多い。「働き方改革」への対応をするために，新たなITシステムを導入したり，経理部員を増員したりしなければならないと思っている人が多いが，これも上述と同様，根本的に間違えている。

まずは，『パーキンソンの法則』に従い，労働時間を制限すべきである。深夜残業が当たり前と思っている人は夕方までダラダラしている。休日出勤が当たり前と思っている人は平日はダラダラしている。終業時刻で強制的に退社しなければならない（もしくは強制的にPCをシャットダウンする）といった対応をすれば，その時間内に仕事は終わるように工夫するはずである。

そのうえで，ムダな業務，ムダな会議，ムダな資料をなくすべきである。特に上場企業の経理部においては，ムダな資料が多過ぎる。これまで上場企業100社以上の経理部の共有フォルダを見てきたが，大半の共

有フォルダ内はムダな資料が膨大に収納されている。何の目的で作成し，何の目的で保存しているのかもわからない。誰も見ないような資料は（たとえ経営者向けの資料であっても）なくすべきである。ムダなものを効率化させるより，ムダなものをなくすことを考えなければならない。どのように決算資料を整備・作成するかは第4章で詳述する。

　話を戻すと，経理部員は，経理部を「情報サービス業」に進化させるためにも，決算を早期化・効率化させるためにも，経理部の本来のあり方・役割の全体像を理解し，「森」を見る視点を持ち続けなければならない。

　経理部を「情報サービス業（真の経理部）」に進化されるには，段階的に次の2つの方法を採らなければならない。

　①まず「情報倉庫業」の経理部が「情報製造業」に進化させるためには，財産保全とディスクロージャーをきちんと実施できるように，**経理部のあるべき「仕組み」を構築**しなければならない。経理部の仕組みをきちんと構築しなければ，各利害関係者に対して価値ある情報をタイムリーに提供することはできない。経理部の「仕組み」については第2章で述べ，その具体的な構築方法・作業内容については第3章（日常業務），第4章（決算業務）で述べる。

　②次に「情報製造業」の経理部が「情報サービス業」へと進化させるためには，「経営の中枢部門」「経営の指令基地」となるべく，過去の数値を分析し（1stステップ），未来を予測し（2ndステップ），ストーリーを描く（3rdステップ）ことができる経理部へと，**あり方・役割を拡大**させなければならない。これについては第5章で詳述する。

「情報倉庫業」から 「情報製造業」へと 経理部を進化させる方法	経理部のあるべき「仕組み」を構築する。 →第2章〜第4章参照
「情報製造業」から 「情報サービス業」へと 経理部を進化させる方法	経理部のあり方・役割を拡大させる。 →第5章参照

第2章

経理部の仕組み
―経理部の6つの業務

本章のポイント

経理部の業務の本質	input→throughput→outputの価値創造，価値提供のプロセス
経理部の主たる6つの業務	日常業務 ①インプット業務②チェック業務③管理業務 決算業務 ④アウトプット業務⑤分析業務⑥開示業務

1 経理部の業務の本質は「インプット→スループット→アウトプット」による価値創造・価値提供にある

　通常，企業は，ヒト（人的資本），モノ（製造資本），カネ（財務資本），情報（知的資本），利害関係者（社会・関係資本），環境（自然資本）といった資本（経営資源）をインプットし，事業活動を通して，新たな資本を生み出し，それを顧客に提供したり，新たな事業活動に投入したりして，永続企業として営んでいる。つまり，<u>インプット（資本投入）→スループット（事業活動）→アウトプット（価値創造・価値提供）</u>のプロセスを繰り返し，事業価値や企業価値を高めていく。

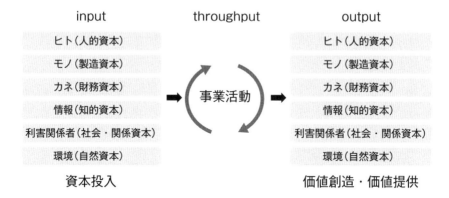

【図表2－1】事業部門の価値創造・価値提供プロセス

　経理部の業務も同様である。ある事象（取引）が発生したら，<u>インプット（情報の入手）→スループット（情報の加工・変換）→アウトプット（情報の提供・報告）</u>のプロセスを繰り返し，この活動を通じて価値創造・価値提供をし，企業価値を高めていく。経理部が「情報倉庫業」でとどまっていると，経理部の仕事はインプット（情報の入手）で

終わっているが，本来はスループット（情報の加工・変換），アウトプット（情報の提供・報告）に時間や人員を割かなければならない。

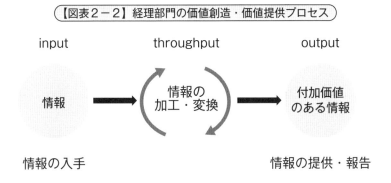

【図表2−2】経理部門の価値創造・価値提供プロセス

input　　throughput　　output
情報　→　情報の加工・変換　→　付加価値のある情報
情報の入手　　　　　　　　　情報の提供・報告

　以下では，説明の便宜上，企業内部を，①フロントオフィス（事業部門）と②バックオフィス（経理部）の2つに分けて述べていく。

　企業内部では，①フロントオフィスでインプット（資本投入）→スループット（事業活動）→アウトプット（価値創造・価値提供）というプロセスが繰り返され，価値創造・価値提供をし，②バックオフィスでもインプット（情報の入手）→スループット（情報の加工・変換）→アウトプット（情報の提供・報告）というプロセスが繰り返され，価値創造・価値提供をしている。バックオフィスも価値創造・価値提供をする重要な部門である。

　そして，このフロントオフィスでの価値創造プロセスと，バックオフィスでの価値創造プロセスは，同時かつ並行に行われなければならない。つまり，フロントオフィスで，ある「事象」が発生したら，同時かつ並行してバックオフィスで「仕訳」を入力しなければならない（仕訳入力業務をフロントオフィスで実施するケースもあるが，その場合も「事象」と「仕訳」は同時かつ並行に行われなければならない）。

基本的に「事象」が発生すると，契約書，発注書（控），納品書（控）といった書面が交わされたり，POS，レジ，受注管理などの各種システム等に情報が入力されたりする。これらの情報がバックオフィスにタイムリーに伝達され，バックオフィスでタイムリーに「仕訳」の入力をすれば，「事象」と「仕訳」が同時かつ並行して発生することになり，企業の事業活動の結果が，瞬時に会計システム上で数値に変換され，試算表に企業の真の姿が表示される。このように，フロントオフィスからバックオフィスに情報がタイムリーに流れていけば，「事象」と「仕訳」は同時かつ並行に行うことができ，価値創造・価値提供のプロセスにつなげることができる。

　会計とは，企業内のあらゆる「事象」を，（簿記という変換ツールを使い）「仕訳」を通して数値に変換することといってもいいだろう。その仕訳の積み上げが試算表となり，決算書となり，企業の真の姿を表す。ここで，「事象」と「仕訳」が同時かつ並行に行われていなければ，試算表に企業の真の姿を表すことはできない。

　しかし，現実には，「事象」と「仕訳」が同時かつ並行に行われていない企業は多い。その理由の1つに，フロントオフィスで「事象」が発生しても，バックオフィス側での「仕訳」の入力が後手に回っているケースがある。これは，(i)フロントオフィスで情報が止まっている，(ii)バックオフィスが情報をタイムリーに受け入れない，取りにいかない（事後的に入手している），(iii)バックオフィスが受け入れた情報を放置する，といったことが（上場企業でも）平然となされていることから生じる。

　2つ目は，フロントオフィスで「事象」が発生していないのに，先に「仕訳」が入力されているケースがある。例えば，納品されていない（納品書が届いていない），出荷していない，入金されていない，振込み

していないのに，それらを見越して先に仕訳が入力されていることがある。給与振込のように将来の一定の期日に確実に取引（事象）が発生し，その金額もあらかじめ確定しており，そのエビデンスも存在するのであれば，作業を前倒しする目的で先日付により仕訳を入力することも容認できるだろう。しかし，取引（事象）が発生するかどうかの確実性もなければ，その金額も確定しておらず，エビデンスも存在しないものを，先に仕訳を入力するようなことは絶対にしてはならない。上述のとおり，会計とは，企業内のあらゆる「事象」を「仕訳」を通して数値に変換することといえる。「事象」が発生していないのに「仕訳」を入力することは数値の操作であり，粉飾であり，不正会計である。企業は，「事象」が発生していないのに「仕訳」を入力することが起こらないような内部統制を構築しなければならない。

　稲盛和夫氏は『実学－経営と会計』（日経ビジネス人文庫）という本の中で，モノ・お金の動きと伝票の動きは「一対一の対応」でなければならず，この「一対一対応の原則」について「私の会計学を貫く基本原則である」と述べるほど重要視されている。つまり，「事象」と「仕訳」は同時かつ並行であるだけではなく，「一対一」でなければならない，と述べている。

　複数の取引（事象）をグロスで計上したり，ネット（相殺）したりしてはならないし，売掛金や買掛金の消込みも当初計上額と実入出金額を「一対一」で消し込まないといけない。この「一対一対応の原則」に従わないものは経理処理できない（仕訳入力できない）ように統制しておかなければ，「事象」と「仕訳」が歪み，決算書が実態を正しく表さなくなる可能性が高くなる。そればかりか，稲盛氏は，社員のモラル，組織のモラルが低下する，とも警鐘を鳴らしている。昨今の企業における不正会計，粉飾決算は，「事象」と「仕訳」の乖離，「一対一対応の原

則」の逸脱行為から生じているものが多いことからも頷ける話である。

　よく経理部の方から「決算（数字）が締まらない」「締めが遅い」という言葉を聞く。これが決算遅延の原因であり，決算早期化対策が必要な理由だというが，これは決算の問題ではない。日常的な業務フローの問題に過ぎない。フロントオフィスからバックオフィスに情報が日常的にタイムリーに流れるようにし，「一対一対応の原則」に従ってその都度仕訳を入力するような業務フローにすれば，数字が締まらないことも，締めが遅れることもない。日常的な業務を決算時に実施していることが根本的な問題であり，これを改善するためには「企業全体における経理部の価値創造・価値提供のプロセス」を見直さなければならない。

②　企業全体における経理部の価値創造・価値提供のプロセス

　企業全体から見た経理部の価値創造・価値提供のプロセスを図解したものが【図表2-3】である。上述のとおり，フロントオフィス（事業部門）は，インプット（資本投入）→スループット（事業活動）→アウトプット（価値創造・価値提供）のプロセスを繰り返し，事業価値や企業価値を高めていく。新たに生み出された資本は，また次の事業に再投下される。これらの事業部門でのプロセスと同時かつ並行して，バックオフィス（経理部）でもインプット（情報の入手）→スループット（情報の加工・変換）→アウトプット（情報の提供・報告）というプロセスが繰り返され，価値創造・価値提供をしている。

　経理部では，事象（取引）が発生する都度，フロントオフィス，店舗，もしくは外部（顧客，販売代理店等）から情報を入手する。その都度の入手が不可能な場合は，一定期間内に情報を入手できる業務フローを構

築しなければならない。情報を入手したら，スループット（情報の加工・変換）→アウトプット（情報の提供・報告）のプロセスを経て，**価値ある情報を社内外の利害関係者（投資家や経営者等）にディスクローズしたり，対話をしたりしなければならない**。また，それらの結果を，経営者や事業部門にフィードバックすることにより，**経営者や事業部門を支援し，さらなる企業価値向上に活かさなければならない**。

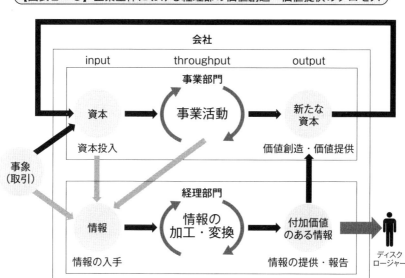

【図表2－3】企業全体における経理部の価値創造・価値提供のプロセス

投融資取引（事象）のように経理部内で完結するものもあるが，一般的な事業活動はフロントオフィスで実施され，バックオフィスがそれを支援する必要がある。つまり，**経理部は，フロントオフィスの価値創造・価値提供の活動を支援しながら，自らの（経理部の）価値創造・価値提供の活動を遂行しなければならない**。

そのため，経理部員は，自部門の業務のみを理解したらいいというわ

けではなく，フロントオフィスで実施されている事業活動（受注，購買，製造等の活動）をきちんと理解しておかなければならない。

　上場企業の経理部員でも，自社の事業内容や事業モデルを十分に理解していない人は多い。フロントオフィスで実施されている事業活動を理解していなくても，エビデンスさえあれば仕訳入力はできるし，有価証券報告書の作成もできるからである。しかし，事業内容も理解していないのに，経営者や事業部門の期待を超えるサービスを提供できるだろうか。“ありがとう”と言ってもらえる価値を提供できるだろうか。もちろん，できない。経理部が「情報サービス業」に進化するためには，経理部員1人ひとりが，経理部は「経営者や事業部門を支援するサービス部門」である，という意識を持っておく必要がある。

　なお，社内外の利害関係者へのディスクロージャーや対話を，経営企画部門やIR部門が担っている上場企業は少なくない。そのため，これらの業務を経理部門ではやらなくてもいいと考えている人がいるが，それは大きな間違いである。会社の数字を最もよく理解している経理部門が，経営の過去・現在・未来の「ストーリー」を作り，ストーリーの語り部となって，あらゆる利害関係者に伝えていかなければならない。これらの業務を主体的に実施しなければ，経理部が「情報サービス業」に進化することはない。

　では，経理部で価値ある情報をどのようにスループット（加工・交換）していけばいいのだろうか。

3 経理部の主たる6つの業務

　何度も書いてきたように，経理部では，インプット（情報の入手）→スループット（情報の加工・変換）→アウトプット（情報の提供・報告）というプロセスが繰り返され，価値創造・価値提供をしている。

　では，「情報の加工・変換」とは，具体的にどのような業務なのか。入手した方法を，どのように価値ある情報に「加工・変換」していくのか。それを図解したものが【図表2－4】である。経理部の主たる業務とは，ここに図解した6つの業務である。

　まず，経理部の業務は，大きく「**日常業務**」（主に日常的に実施すべき業務）と「**決算業務**」（主に決算時に実施すべき業務）の2つに分けられる。

　「日常業務」では，まず，事象（取引）が発生した都度に入手した情報（エビデンス）をもとに，仕訳入力業務を実施する（①**インプット業務**）。仕訳を入力したら，その仕訳の適正性・妥当性等を第三者が検証し，統制する（②**チェック業務**）。何のためにチェックを実施するかといえば，会社の資産・負債・損益などを管理するためである（③**管理業務**）。つまり，経理部はこれらの日常業務を通して「**財産保全**」を行っているのである。

　「決算業務」では，試算表が完成した後に，決算や監査で必要となる資料を網羅的にエクセルシートで作成する（④**アウトプット業務**）。何のためにエクセルシートで資料を作成するかといえば，財務分析を実施するためである（⑤**分析業務**）。では，なぜ財務分析をするのかといえば，各利害関係者の求めに応じて，情報を提供・報告するためである。そのための開示資料も作成しなければならない（⑥**開示業務**）。つまり，

【図表2-4】経理部の主たる6つの業務

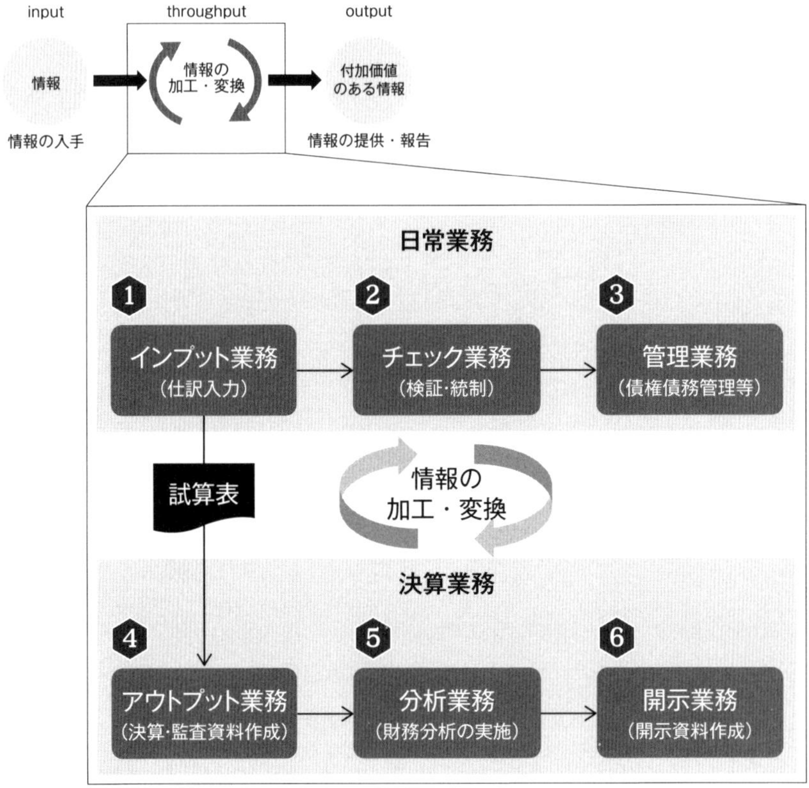

input　　　throughput　　　output

情報　　→　情報の加工・変換　→　付加価値のある情報

情報の入手　　　　　　　　　情報の提供・報告

日常業務

❶ インプット業務（仕訳入力）　→　❷ チェック業務（検証・統制）　→　❸ 管理業務（債権債務管理等）

試算表

情報の加工・変換

決算業務

❹ アウトプット業務（決算・監査資料作成）　→　❺ 分析業務（財務分析の実施）　→　❻ 開示業務（開示資料作成）

経理部はこれらの決算業務を通して「**ディスクロージャー**」を行っているのである。

　【図表2-4】を見てのとおり，私は，振込業務，入金消込業務，給与計算，経費精算等を日常業務に入れていないし，試算表作成を決算業務に入れていない。これらの業務は，経理部の「主たる業務」とは思っていないからである。試算表というのは，仕訳入力（インプット業務）の積み上げの結果であり，決算業務のゴールではない。決算業務のゴールは，最終成果物（有価証券報告書や決算短信等）の提供・報告である。

決算業務は，試算表完成後から本格化するものである。

　続く第3章では，「日常業務」の3つの業務についてさらに詳しく説明し，経理部の日常業務を俯瞰していく。第4章では，「決算業務」の3つの業務についてさらに詳しく説明し，経理部の決算業務を俯瞰していく。

第3章

経理部の日常業務とは
―日常的に経理部員は何をすべきか

本章のポイント

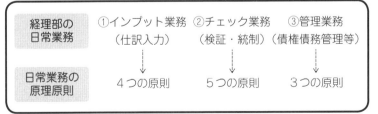

第2章で述べたとおり，経理部の「日常業務」の主たる業務は，①インプット業務，②チェック業務，③管理業務の3つである。この主たる3つの業務を通して，経理部は財産保全を行う。
　以下，それぞれについて説明する。

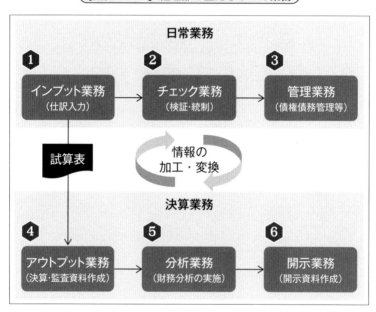

1　インプット業務（仕訳入力）

　「**インプット業務**」とは，入手した情報を仕訳入力する業務である。あらゆる「事象」をここで「仕訳」を通して「数値」に変換する。この仕訳の積み上げが決算書になるため，この「インプット業務」は重要である。正しい決算書を作成するためには，このインプット業務において，

次の４つを必ず守らなければならない。

【インプット業務の原則１】
　　　　事象と仕訳に同時性があること

【インプット業務の原則２】
　　　　事象と仕訳が一対一であること

【インプット業務の原則３】
　　　　仕訳入力はエビデンスベースであること

【インプット業務の原則４】
　　　　自社の事業内容や事業モデルを理解していること

【インプット業務の原則１】事象と仕訳に同時性があること

　第２章で述べたとおり，「事象」が発生したら，「同時かつ並行」して「仕訳」を入力しなければならない。両者に大きなタイムラグがあってはならない。ここに大きなタイムラグがあると，財産保全を無効にするだけでなく，何のために経理部が存在するのかという根本的な問題を問われることになる。

　ただし，業種業態によっては事象が発生した日に，その情報（エビデンス）を経理部が入力できないこともある。例えば，別会社（販社等）や代理店が販売業務を行っており，社内ではモノが売れたという事実すらタイムリーに把握できないケースもある。多店舗展開している小売業において各店舗での集計作業に時間を要するというケースもある。

　どのような事情であっても，経理部はできるだけタイムリーに「事象」が発生した情報を入手するような「経路」を作る必要がある。別会社（販社等）や代理店が販売業務を行っているようなケースで，タイムリーに販売取引を把握することができない場合でも，最低月１度は販売実績等の報告をエビデンスとともに提出させる「経路」を作っておかな

ければならない。これらの「経路」を作ることも経理部の重要な業務である。

経理部から情報を取りにいくpush型の「経路」と，経理部に情報を流させるpull型の「経路」の両方の側面から，情報経路を作っておく必要がある。「経路」を作る際のキーワードは「同時性」である。情報はできるだけタイムリーに入手しなければならない。

情報をタイムリーに入手しているのに，仕訳入力を決算時にまとめて実施している経理部をよく見かける。まとめて入力するほうが効率的と思っているのかもしれないが，そういう企業は，（第4章で述べる）本来の決算業務をやっていない。仕訳入力は決算業務ではない。日常業務である。事象が発生したら，タイムリーに仕訳入力ができる業務フロー，スケジューリング，担当割を考えなければならない。

【インプット業務の原則2】事象と仕訳が一対一であること

これも第2章でも述べたとおりであるが，「事象」と「仕訳」は同時かつ並行であるだけではなく，「一対一」でなければならない。「1つの事象」について「1つの仕訳」を入力することが原則である。

これは，複数の取引（事象）を1枚の伝票に入力してはならない，ということではない。例えば，ある営業担当者が1か月に50回電車に乗ったことによる経費精算において，50枚の伝票を起票しなければならないわけではない。実際にそういう起票をしている企業があるが，伝票数，工数，手続が無駄に増えるだけである。そんなものは1枚の伝票に起票すればよい。

ここでいう「一対一」というのは，複数の取引（事象）をグロスで計上したり，ネット（相殺）したりすることにより，事象と仕訳の関係性を見えなくしてはならない，ということである。仕訳は取引の記録でもあるから，「同時性」だけではなく，「透明性」が求められる。仕訳を見

ただけでどのような事象が発生したのかがわかるようにしておかなければならない。伝票の「摘要欄」は，透明性を確保するために使用しなければならない。

【インプット業務の原則3】仕訳入力はエビデンスベースであること

　事象が発生すると，一般的に契約書，発注書，納品書といった書面が交わされる。書面が交わされない場合でも，POS，レジ，受注管理システム等に情報が入力される。ここでは，これらの書面や情報等のインプット業務の証拠・証跡となるものを総括して「エビデンス」ということにする。

　これらのエビデンスがタイムリーに経理部に流れる「経路」をあらかじめ作っておき，このエビデンスをもとに仕訳を入力しなければならない。エビデンスが存在しないのに仕訳を入力するようなことは，絶対にしてはならない。それが，数値の操作，粉飾，不正会計につながることは第2章で述べたとおりである。

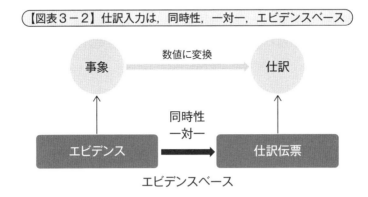

【インプット業務の原則4】自社の事業内容や事業モデルを理解していること

　入手する情報は，①経理部が企業外部から直接入手できるものと，②企業内部（フロントオフィス）から入手しなければならないものがある（【図表2－3】参照）。つまり，企業外部からの「経路」と，企業内部からの「経路」を作り，そこに情報ができるだけタイムリーに流れるようにしておかなければならない。

　そのためには，経理部員はフロントオフィスで行われている企業の事業活動（および業務フロー）を熟知しておく必要がある。しかし，現状として，（第2章でも述べたとおり）自社の事業内容や事業モデルを十分に理解していない経理部員は多い。事業内容などを知らなくても，エビデンスさえあれば仕訳入力はできるし，有価証券報告書も作成できるため，その必要性を感じていないからだと思うが，事業内容を知らないと正しい仕訳を入力することが困難な場合がある。また，経理部員が事業内容も知らずして，経理部を「情報サービス業」（真の経理部）に進化させることは不可能である。

　タイムリーな情報インプットのためだけでなく，ディスクロージャーのため，真の経理部に進化させるためにも，経理部員は自社の事業内容や事業モデルを十分に理解している必要がある。

2 チェック業務（検証・統制）

　「チェック業務」とは，「インプット業務」を行った後に，経理部において仕訳入力に誤りがないかどうか，適正かどうかをチェックする業務である。「インプット業務」に誤りがあると，次工程以降，開示業務に至るまで誤りが引き継がれることになるため，この段階での「チェック

業務」も重要となる。このチェック業務において，次の5つを必ず守らなければならない。

【チェック業務の原則1】
　　全件チェックをすること
【チェック業務の原則2】
　　チェックもエビデンスベースであること
【チェック業務の原則3】
　　第三者によるチェックであること
【チェック業務の原則4】
　　性悪説的なチェックであること
【チェック業務の原則5】
　　チェックする際はアサーションを意識すること

【チェック業務の原則1】全件チェックをすること

　何のためにチェックをするのかといえば，上述のとおり，「インプット業務」に誤りがないかどうか，適正かどうかを確かめるためである。そのため，チェック業務は全仕訳に対して実施しなければならない。

　「誤りがないかどうか」というのは，誤謬（ミス）や異常点がないかどうかということであり，「適正かどうか」というのは，不正がないかどうかということである。つまり，ここでの「チェック業務」を徹底すれば，誤謬や異常点を発見できるだけでなく，不正発見につながる場合がある。「チェック業務」を単なる形式的な"儀式"として実施している企業が多いし，その目的を理解せずに（適当に）実施している担当者も多いが，**チェック業務は誤謬，異常点，不正を発見することが目的である**ということをきちんと理解しておくべきである。

　業務管理システムなどから会計システムへ自動的に仕訳が取り込まれ

ることもある。そのような場合でも，経理部でチェックを実施しなければ，自動仕訳自体に誤謬や異常点があっても誰も気がつかない可能性もあるし，網羅的にチェック機能が働いていないことを悪用した不正が生じる可能性もある。仕訳量，伝票量が多くても，原則として全件チェックをすべきである。

【チェック業務の原則２】チェックもエビデンスベースであること

「インプット業務」もエビデンスベースで実施しなければならないが，「チェック業務」もエビデンスベースで実施しなければならない。つまり，「エビデンス」と「仕訳伝票」が合致することを確かめなければならない（両者に赤ペンでチェックマークを入れるなど，チェックの証跡を残しておくことが望ましい）。具体的にどこをチェックするのかは，【チェック業務の原則５】で後述する。

仕訳入力はエビデンスベース，かつ一対一で行うことが原則である。だから，チェックする際も伝票にエビデンスが添付されているはずである。エビデンスが添付されていない伝票があれば，誤りがないかどうか，適正かどうかを確かめることはできないため，そのような伝票を承認してはならず，起票者に差し戻さなければならない。また，エビデンスが添付されていても，エビデンスとの整合性が確認できないものについても同様である。

ただし，商慣習的，常識的にエビデンスがない（口頭の約束で取引をした場合など），もしくはエビデンスはあるが金額などが整合しない（規程の上限を超える経費を使用したが，規程の定めのとおりに経費精算をした場合など）ということもある。こういったものまで起票者に差し戻すのはナンセンスである。原則としてエビデンスベースでチェック業務を実施しなければならないが，イレギュラーが生じた時の経理部の対応についての手順書や業務マニュアルのようなものは整備しておく必

要がある。

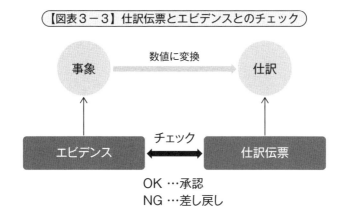

【チェック業務の原則3】第三者によるチェックであること

チェック業務は，起票者以外の第三者が実施しなければならない。セルフチェックでは誤謬，異常点，不正を発見することが期待できないし，何の統制も働かない。チェック業務だけをアウトソースしている上場企業もあるが，このように人的リソースが不足する場合は社外の人材を活用することも検討すべきである。

【チェック業務の原則4】性悪説的なチェックであること

チェック業務は誤謬，異常点，不正を発見することが目的である。そのため，チェックをする際は，「この伝票に，何か不正やミスがあるんじゃないだろうか？」という性悪説的なチェックをしなければならない。「ウチの会社に不正なんてあるわけないじゃないか！」という性善説的なモノの見方では，もはやチェックが働かない。形式的な"儀式"になってしまう。

そもそも不正や不祥事が発生した企業の大半は，きちんと内部統制や

ガバナンスが効いていた企業で発生している。それでも不正などは起こりうるのだ。「明日は我が身」と思って，慎重にチェックしたほうがいい。

また，人間がやった業務には（どんなベテラン経理担当者がやった業務であっても）ミスはつきものである。不正はないとしてもミスは必ずある。「ミスがないわけがない」と思ってチェックすべきである。

【チェック業務の原則5】チェックする際はアサーションを意識すること

チェック担当者は，単に「エビデンス」と「仕訳伝票」を突き合わせるだけではなく，その仕訳が会計的に正しいのか，B/S，P/Lに適切に計上されるのか（計上すべきものなのか），についてもチェック・検討・判断しなければならない。

例えば，ソフトウェア購入に関する仕訳入力がなされ，それに関する請求書が添付されていたとしよう。勘定科目も金額も日付も「仕訳伝票」と「エビデンス」が合致していれば，ここでチェック業務が完了し，仕訳が承認されることが多い。しかし，もう一歩踏み込んで欲しい。「本当にこのソフトウェアを買ったのか？」（実在性に問題はないのか？）と。起票者がソフトウェア会社とグルになって架空の請求書を発行している可能性はないか。場合によっては，契約書，納品書，稟議書などの他のエビデンスもチェックしたり，そのソフトウェアの現物を確認したりといったことをしなければならない。

さらにもう一歩踏み込んで欲しい。「資産（ソフトウェア）に計上されている価額は妥当なのか」（評価は妥当なのか？）と。請求額の中には，ソフトウェア本体の価額以外に，保守料や保証料が含まれているかもしれない。そうだとしたら，資産（ソフトウェア）に計上すべき額を適切に評価しなければならない。

そうなると，さらにもう一歩踏み込んで欲しい。「保守料や保証料は，購入時の一時点で費用計上すべきなのか，一定期間にわたって計上すべきなのか」（表示は妥当なのか？）と。

このように，1つの仕訳の中にも，チェック・検討・判断しなければならない点がいくつかある。このようなチェック・検討・判断すべきポイントを監査用語で「**アサーション**」（監査要点）という。「アサーション（assertion）」とは，「主張」という意味であるが，監査論上は「経営者による適切な財務諸表を作成するための要件を充足した旨の主張」が転じて，「**適切な財務諸表を作成するための要件**」という意味で用いられる。そして，監査論上は「アサーション」として，以下の6つを挙げている。

---

① 実在性（本当にあるのか，架空取引されているものはないか）

② 網羅性（すべて記録されているか，簿外処理されているものはないか）

③ 権利と義務の帰属（会社のものか）

④ 評価の妥当性（適切な価額か）

⑤ 期間配分の適切性（正しい期間に計上されているか）

⑥ 表示の妥当性（きちんと開示されているか）

この6つのアサーションは，経理担当者も覚えておくべきだろう。そして，チェック業務を実施する際は，この6つのアサーションを意識してチェックしなければならない。

【図表3－4】 アサーションの概念

アサーション	要点の意味	一言でいえば	リスク	該当リスク例
① 実在性	資産・負債もしくは取引が実在していること	実在しないとNG	資産・負債もしくは取引が発生・実在していないこと（架空取引）	・二重売上による過大計上 ・受注時に製品の在庫数量を確認せずに出荷
② 網羅性	資産・負債もしくは取引が網羅的にすべて計上されていること	漏れるとNG	資産・負債もしくは取引に漏れがあること（簿外取引）	・取引情報の隠蔽による売上の過小計上
③ 権利と義務の帰属	資産に対する権利と負債に関する義務が会社に帰属していること	正確でないとNG，適切な承認がないとNG	資産と負債が会社の法的な権利・義務を反映していないこと	・取引情報を不適切な時期に計上すること ・資産の貸与について適切な権限者の承認を得ずに実施
④ 評価の妥当性	資産と負債が会計基準に従って適切に（時価または原価で）評価されていること	妥当でないとNG	資産と負債が会計基準に従って評価されていないこと（不適切な評価額）	・棚卸資産の不適切な評価 ・抵当権設定時の不適切な評価
⑤ 期間配分の適切性	取引が適切な報告期間に計上されていること	今期でないとNG	報告期間のズレ，タイミングの遅れ	・賃貸契約書において期中に計上した取引情報のうち，来期への配分が不適切になること
⑥ 表示の妥当性	報告方式や表示科目が妥当であること	（勘定科目を）間違うとNG	誤った報告方式・勘定科目による情報開示	・開示資料の数値情報等の誤り

[出処] ㈱日本投資環境研究所，㈱AGSコンサルティング著『IPO・内部統制の基礎と実務（第3版)』より

第3章　経理部の日常業務とは　　41

【図表3－5】アサーション（イメージ）

網羅性　　期間配分の適切性　　実在性

No.0001　　売上伝票　　承認　作成
○×商事　殿　　○年○月○日　　印　　印

品名	単価	数量	金額	摘要
A商品	50円	6,000個	300,000円	掛売 受注No.5015
	合計		300,000円	

表示の妥当性　　評価の妥当性　　権利と義務の帰属

［出処］㈱日本投資環境研究所，㈱AGSコンサルティング著『IPO・内部統制の基礎と実務（第3版）』より

【図表3－6】アサーション項目とチェック作業の例

アサーション	チェック作業の内容	チェック作業の主な例
① 実在性	取引の実態との整合性を確認すること	注文書または注文請書との照合作業
② 網羅性	管理台帳によって処理漏れを確認すること	受注管理表と請求書の照合作業
③ 権利と義務の帰属	適切な権限者による承認をすること	職務権限に基づく権限者の承認作業
④ 評価の妥当性	計上金額が適切な評価額であることを確認すること	不動産評価額について外部から証憑を取り寄せての確認作業
⑤ 期間配分の適切性	計上期間が適切に処理できているか確認すること	会計処理方針に基づいて，計上期間が適切に配分されているかの確認作業
⑥ 表示の妥当性	開示項目の記載が適切であることを確認すること	仕訳ルールに基づく，科目の確認作業

［出処］㈱日本投資環境研究所，㈱AGSコンサルティング著『IPO・内部統制の基礎と実務（第3版）』より一部編集

3 管理業務（債権債務管理等）

　管理業務とは，入金管理，出金管理，債権債務管理，棚卸資産管理，固定資産管理，販売管理，購買管理，生産管理，製造管理といった企業内のあらゆる管理業務をいう（これらの中には経理部以外の部署が担当しているケースもあると思うが，いずれも会計に影響する業務であるため，ここでは経理部の主たる業務の1つとして説明する）。

　第1章でも述べたとおり，経理部の本分は，「財産保全」と「ディスクロージャー」である。この財産保全は，日常的な管理業務を通して遂行されるものである。そのため，この管理業務は，経理部の業務の中でも特に重要なものといえる。

　管理業務においては，次の3つを必ず守らなければならない。

【管理業務の原則1】
　　　明細作成ではなく，実態把握をすること
【管理業務の原則2】
　　　経営者やフロントオフィスにフィードバックすること
【管理業務の原則3】
　　　取引の実態に合わせて進化させること

【管理業務の原則1】明細作成ではなく，実態把握をすること

　理論上，正しい仕訳入力をすれば，その積み上げで正しい試算表ができるはずである。しかし，実務上，「インプット業務」や「チェック業務」をきちんとすれば，正しい試算表ができるかといえば，必ずしもそうはいかない。

エビデンスをもとに仕訳を入力したとしても，そこには主観的判断や解釈が混入する。何千・何万という仕訳の中には当然にミスも発生する。個々の仕訳が正しくても，全体として見た時に違和感が生じることもある。期中のフロー（P/L）は正しくても，期末のストック（B/S）に違和感が生じることもある。だから，「インプット業務」や「チェック業務」を行った後に「管理業務」をするのである。

この管理業務をきちんと実施できていなければ，「経理部の主たる6つの業務」（【図表2−4】）の後工程である④アウトプット業務，⑤分析業務，⑥開示業務を，正しく，効率的に実施できなくなるリスクが生じる。つまり，資産・負債・損益を固めることができない，決算・開示ができない（もしくは遅延する），不正・誤謬を発見できない，といったリスクを常に抱えることになる。場合によっては，会社の屋台骨を揺るがすことにもなりかねない。

管理業務は，明細作成業務ではない。各種システムから元帳等を出力し，「明細」（売掛金明細等）や「一覧表」（在庫管理表等）を形式的に作成するだけで「管理」をしたつもりになっている経理部が少なくないが，それはエクセルで体裁を整えているだけであり，財産の管理や保全をしていることにはならない。期末日の一時点における売掛金得意先別明細を作成しただけで，会社の財産を管理・保全したことになるだろうか。

経理部が行うべき管理業務は，明細作成が目的ではなく，取引の実態把握と財産の管理・保全を行うことが目的である。そして，それらを通して，資産・負債・損益を適切に計上しアウトプットを行うことが目的である。

取引の実態を把握するには，【チェック業務の原則5】（P.38）で述べた6つのアサーションをここでも意識しなければならない。

① 実在性（本当にあるのか，架空取引されているものはないか）
② 網羅性（すべて記録されているか，簿外処理されているものはないか）
③ 権利と義務の帰属（会社のものか）
④ 評価の妥当性（適切な価額か）
⑤ 期間配分の適切性（正しい期間に計上されているか）
⑥ 表示の妥当性（きちんと開示されているか）

　つまり，経理部は，事象（取引）を理解し，それが仕訳を通して適切に数値に変換されて，資産・負債・損益が適切に計上されているかを，6つのアサーションを意識しながら管理しなければならない。資産・負債のストック（残高）のみを管理するのではなく，期中のフロー（入と出）も管理することにより，ストック情報の精度は高まる。売掛金であれば，期末日の一時点における売掛金の実在性を検証する際に，期中のフロー（販売高，債権回収額等）との整合性も分析していく。

【図表3－7】管理業務とアサーション

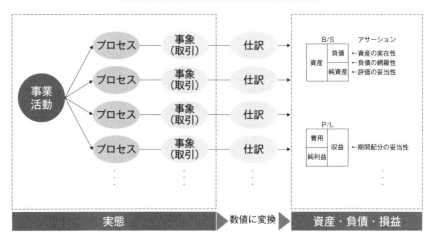

このように，試算表や科目明細等の数値をさまざまな角度から分析しながら，資産・負債の実在性・網羅性等を検証し，財産を管理・保全していくことが，経理部において実施すべき管理業務である。さらに，経理部は「経営者や事業部門を支援するサービス部門」であるから，事業活動が効率的に遂行されているかといったところまで管理することが望まれる。

【管理業務の原則２】 経営者やフロントオフィスにフィードバックすること

　企業は事業活動を通して価値創造・価値提供を行っている。その事業活動を遂行するためには，販売，購買，製造…といったさまざまな活動を行う。この一連の活動のことを「プロセス」と呼ぶことにする。企業の事業活動では，このプロセスごとに，さまざまな事象（取引）が発生する。例えば，営業部門がモノやサービスを販売するには，一般的に与信から始まり，受注（契約），出荷，納品，売上計上という取引が発生し，さらには請求，回収まで責任を負う。購買部門がモノを仕入れるには，発注，入荷，検収，仕入計上という取引が発生し，さらに支払まで義務を負う。

　このように，企業は１つの事業活動を行うだけでも，複数のプロセスにおいて，複数の取引が発生することになる。大きな企業であれば，数百のプロセスにおいて，数万，数十万という取引が発生する。

　取引が発生したら，管理をしなければならないのはいうまでもない。お金を使ったら，小遣い帳を付けるのと同じである。与信を行えば与信管理を行う。受注（契約）したら受注管理を行う。販売，出荷，納品をしたら販売管理を行う。請求をすれば債権管理を行う。取引と管理はセットである。企業が行う主な管理業務は【図表３－８】である。**各取引に応じて必要かつ適切な管理をしなければならない。**

【図表3－8】 主な管理業務

	主なプロセス	主な取引内容	主な管理業務
①	販売プロセス	与信，受注，売上，回収	与信管理，受注管理，販売管理，債権管理
②	購買プロセス	発注，仕入，支払，在庫	購買管理，納品管理，在庫管理，債務管理
③	製造プロセス	調達，製造，在庫，出荷	製造管理，原価管理，在庫管理
④	経費プロセス	経費計上，支払，経費精算	経費支払管理，経費未払管理
⑤	人事プロセス	給与計算，支払	給与等支払管理，社保支払管理，納税管理
⑥	有形固定資産取引プロセス	取得，除売却	固定資産管理
⑦	リース取引プロセス	取得，解約	リース資産管理

　なお，与信のように対外的な取引に至っていないものや，受注（契約）のように「インプット業務」に至っていないものも，管理の対象になる。「インプット業務」や「チェック業務」を経たもののみを管理すればよいわけではない点には留意が必要である。

　取引が発生したのに管理を怠るとどうなるか。受注したのに受注管理を怠れば，出荷や納品ができない。出荷や納品をしたのに販売管理を怠れば，請求ができない。請求したのに債権管理を怠れば，入金消込も督促もできない。つまり，**管理業務を怠ると事業活動は成り立たなくなる**。実際に，以下のようなことが原因で，事業活動を停滞させたり，成り立たなくさせたりしているケースが少なくない。

(a)　管理業務を怠っている（管理業務が不適切）

(b)　管理業務が甘い（管理業務が不十分）

(c) 管理業務をしていない（管理業務が不存在）

　例えば，(a)受注管理や販売管理を怠っているために，経理部できちんと債権管理をすることができず，正しい金額での請求書発行や，債権の消込みに支障をきたしているケースもある。(b)管理業務が甘いために，経理部が管理している債権残高と帳簿残高が一致していないというケースもある。(c)必要かつ適切な管理業務をしていないために，得意先から入金があるまで販売した事実も販売金額も把握できない（把握していない）というケースも見受けられる。

　いずれのケースも，経理部の存在意義すら疑いたくなる話であるが，上場企業でもこのような経理部は存在する。

　第1章でも述べたとおり，経理部の本分は，「財産保全」と「ディスクロージャー」である。この財産保全は，日常的な管理業務を通して遂

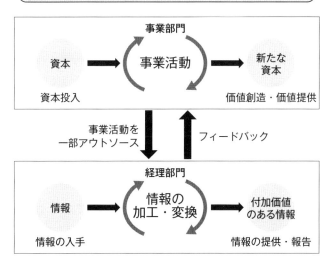

【図表3－9】事業活動のアウトソースとフィードバック

行されるものである。フロントオフィスで実施された事業（取引）についての管理が，バックオフィスである経理部に一部委託（アウトソース）されているのである。つまり，**管理業務は，バックオフィス内部の形式的な作業ではなく，事業活動の一部がアウトソースされたものである**という意識が必要である。アウトソースされたものであるため，事業活動と「同時かつ並行」して管理業務を行わなければならないし，業務を遂行した結果は，経営者やフロントオフィスにフィードバックしなければならない。

【管理業務の原則３】取引の実態に合わせて進化させること

上述のとおり，企業は１つの事業活動を行うだけでも，複数のプロセスにおいて，複数の取引が発生する。よって，管理業務も多岐にわたることになる。しかも，プロセスの内容，取引の内容等は会社によって異なるため，管理業務の内容・方法等も会社によって異なる。つまり，「販売管理は○○のようにすべき」とか，「購買管理は××のようにすべき」という具合に，はじめから「あるべき管理業務」についてのパッケージやフォーマットがあるわけではない（実際に，「あるべき管理業務」を述べた参考書・専門書はほとんどない）。

どのように管理業務を実施するかは，プロセスごとに取引の実態に合わせて構築していかなければならない（これも経理部の重要な仕事の１つである）。あらかじめ設計図があるわけではないので，どのような管理をする必要があり，どのような管理が適切なのかは頭を使って考えるしかない。

多くの企業が，この「頭を使って考える」ということをせずに，前任者が遂行していた管理業務をなぞるように実施している。しかし，**管理業務は前任者によって作られたものではなく，取引の実態に合わせて作っていくものである**。事業や取引が年々変わるように，管理業務も常

に進化させなければならない。フロントオフィスの進化にバックオフィスが付いていけず，事業活動を停滞させているケースもある。例えば，新商品・新サービスを販売することになったり，新しい事業を開始したりすると，P.46の(a)〜(c)に述べたような問題が露呈することがある。バックオフィスである経理部は「経営者や事業部門を支援するサービス部門」であることを忘れてはならない。

4 決算業務から逆算した日常業務の仕組みの作り方

　「日常業務担当者は日常業務のみを実施する」「決算業務担当者は決算業務のみを実施する」という経理部が多い。日常業務担当者は決算業務を何も知らないし，決算業務担当者は日常業務のことを何も知らない。しかし，「経理部の主たる6つの業務」（【図表2－4】）の最終ゴールは「最終成果物」の作成・開示である。したがって，**日常業務担当者であっても「最終成果物」の作成や決算業務から逆算した日常業務を実施すべきである**。

　実は，経理部の主たる6つの業務のうち，日常業務の3業務（①インプット業務，②チェック業務，③管理業務）と，決算業務の3業務（④アウトプット業務，⑤分析業務，⑥開示業務）は，それぞれ関連性・親和性がある。

　①インプット業務と④アウトプット業務に関連性があることはいうまでもない。②チェック業務と⑤分析業務は，ともに異常点発見のために実施する業務であるという点において関連性がある。③管理業務と⑥開示業務は，ともに資産・負債・損益を適切に計上しアウトプットを行うための業務であるという点において関連性がある。

　であれば，「日常業務担当者は日常業務のみを実施する」「決算業務担

当者は決算業務のみを実施する」という業務分担ではなく，「**日常業務担当者も決算を意識して業務を実施する**」ということができないだろうか。②チェック業務の担当者は，日常業務の中で⑤分析業務を取り入れることはできないだろうか。③管理業務の担当者は，日常業務の中で⑥開示業務を取り入れることはできないだろうか。日常業務と決算業務の垣根を取っ払うことはできないだろうか。できるはずである。

　経理担当者は，決算業務を含む経理部の業務の全体像を把握しなければならない。日常業務担当者と決算業務担当者が「分担」されているのはよいが，「分断」されているのはよくない。いつまでも縦割りの弊害を抱え，決算が遅れる原因となる。日常業務担当者も，経理部の業務の全体像を把握し，決算業務を効率化させることはできないかという視点で，次章を読んでいただきたい。

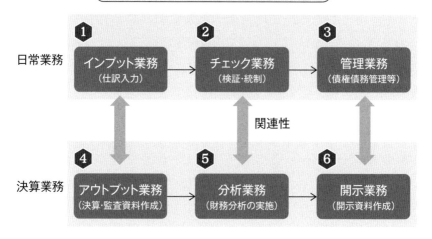

【図表3－10】日常業務と決算業務の関連性

第4章

経理部の決算業務とは
―ディスクロージャーのために経理部員は何をすべきか

本章のポイント

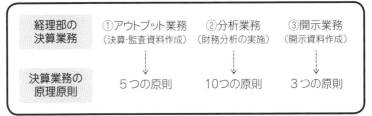

第2章で述べたとおり，経理部の「決算業務」の主たる業務は，④アウトプット業務，⑤分析業務，⑥開示業務の3つである。この主たる3つの業務を通して，経理部はディスクロージャーを行う。

　以下，それぞれについて説明する。

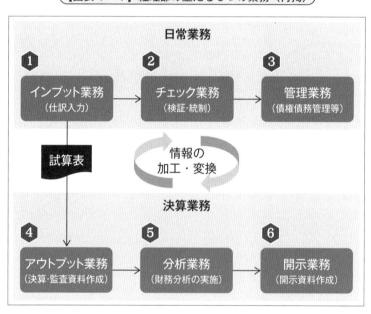

【図表4－1】経理部の主たる6つの業務（再掲）

1　アウトプット業務（決算・監査資料作成）

　「アウトプット業務」とは，決算・監査に必要な資料（以下，「アウトプット資料」という）を作成する業務をいう。会計システムから出力した勘定科目明細などは，ここでいう「アウトプット資料」には含めない。「アウトプット資料」とは，経理部員が決算・監査に必要な資料をエク

セルで作成したものを指す。アウトプット資料を作成するにあたり，次の5つを必ず守らなければならない。

【アウトプット業務の原則1】
　　　第三者が見てわかる資料を作成すること（属人化を排除すること）

【アウトプット業務の原則2】
　　　網羅的に作成すること

【アウトプット業務の原則3】
　　　有用性のあるものを作成すること

【アウトプット業務の原則4】
　　　資料は「縦割り」ではなく「横串」で作ること

【アウトプット業務の原則5】
　　　体系的に保管すること（リファレンスナンバーの導入）

【アウトプット業務の原則1】第三者が見てわかる資料を作成すること（属人化を排除すること）

　アウトプット業務を実施するためには，第三者（上司，同僚，部下，監査法人など）が見てわかるアウトプット資料を作成することが大原則である。「何の目的で作成しているのかわからない」「数値がどこからきて（traced from），どこにいくのか（traced to）がわからない」「計算式が複雑すぎて理解できない」「資料の意味を理解するのに時間がかかる」といった資料は，第三者が見てわかる資料とはいえない。第三者が「ひと目で」見てわかる資料を作成しなければ，作成している意味はない。

　しかし，実態は，第三者が見てわかるアウトプット資料を作成している企業は極めて少ない。多くの資料は，第三者が「ひと目で」見てわか

るものではなく，属人化している。だから会計監査も時間がかかる。

　まず，アウトプット業務の目的を考えて欲しい。わたしたちは，何の
ためにアウトプット資料を作成するのだろうか。
　大きく目的は2つある。
　1つは，後工程で「分析業務」「開示業務」を実施するためである。
そのため，作成するアウトプット資料は，後工程の「分析業務」「開示
業務」に役立つものでなければならない。言い換えれば，「分析業務」
にも「開示業務」にも役に立たない資料は作成する意味はない。これに
ついては，【原則2】【原則3】で後述する。
　もう1つの目的は，記録として残すためである。記録されたものは上
司，同僚，部下のみならず，翌年以降の担当者，監査法人も閲覧する。
つまり，作成されたアウトプット資料は必ず第三者が見る（だから共有
フォルダに収納・保存しているはずである）。ということは，作成者し
かわからないアウトプット資料は絶対に作成してはならない（もちろん，
共通フォルダに収納・保存すべきではない）。
　第三者が見てわかるアウトプット資料を作成しているとしても，「セ
ンス」がないものも多い。経理部で作成する資料にセンスが必要なのか
と思われるかもしれないが，第三者が見る資料にセンスが要求されるの
は当然である。「見やすさ」「わかりやすさ」「伝わりやすさ」は，資料
作成者のセンスと技術が必要であり，ディスクロージャーを本分とする
経理部員はそういったセンスと技術を磨くべきである（経理担当者向け
に書かれたエクセルやパワーポイントの使い方の書籍も多いので参考に
して欲しい）。
　【図表4-2】に，ダメなアウトプット資料とよいアウトプット資料
の例を列挙したので参考にしていただきたい。

【図表4－2】 ダメなアウトプット資料，よいアウトプット資料

ダメなアウトプット資料	よいアウトプット資料
作成者しかわからない資料 （例） ・アウトプット資料の作成の意図，目的が不明 ・具体的な内容，算定方法等が作成者にしかわからない ・作成者しかわからない計算式，関数を多用 ・1つのセルに複数の計算式，複雑な計算式を入れる ・エクセルシートにマクロを組む ・記載されている数値の根拠やリファレンスが不明	**誰が見てもわかる資料** （例） ・アウトプット資料の作成の意図，目的が明確 ・誰が見てもわかる内容 ・計算式・関数の使用は最小限 ・1つのセルに1つの計算式 ・マクロは使用しない ・記載されている数値の根拠やリファレンスが明確
センスのない資料 （例） ・フォント，文字の大きさ，罫線の使い方，背景色の使い方，ヘッダー・フッターの使い方が作成者ごとにバラバラ	**センスがある資料** （例） ・フォント，文字の大きさ，罫線の使い方，背景色の使い方，ヘッダー・フッターの使い方が社内で統一

　なお，私がアウトプット資料を作成する時は，以下のようなルールを設けている。このとおりではなくていいが，アウトプット資料を作成する際の「社内ルール」は作成しておくべきである。

【図表4－3】アウトプット資料のルール（例）

全般	・できるだけすべての資料の体裁（フォーマット）を統一する ・どのような意図，目的で作成した資料かを明示する
フォント	・日本語は「Meiryo UI」，英数字は「Arial Narrow」
文字の大きさ	・「11ポイント」か「10ポイント」
罫線	・できるだけ実線ではなく細かい破線を使用する
背景色	・できるだけ濃い色ではなく淡い色を使用する ・ベタ打ちするセルは「淡い黄色」で塗る
計算式	・できるだけ1つのセルに複数の計算式を入れない ・他のファイルから計算式を飛ばさない（同じファイル内でも最小限にとどめる）
関数	・他の経理部員がわからないような関数は使用しない（SUM・SUMIFS関数，SUBTOTAL関数，ROUND関数，VLOOKUP関数の使い方くらいは部内で教育すべき）
単位	・すべて「円単位」で作成する（「千円単位」「百万円単位」で作成しない）
リファレンス	・数値のリファレンス（どのシートから来て，どのシートに飛ぶのか）をシート上に明示する ・別途，元資料・出処があれば，それを明記する
ヘッダー	・左：会社名（文字の大きさ「8ポイント」） ・中央：シート名（文字の大きさ「12ポイント」，太字，下線） ・右：リファレンスナンバー（文字の大きさ「10ポイント」）[※]
フッター	・左：ファイルのパス（文字の大きさ「8ポイント」） ・右：出力日時（文字の大きさ「8ポイント」）
表記	・「A列」は空ける（幅は「10ピクセル」程度でOK） ・できるだけ行と列の幅は統一する
シート名	・必ずエクセルファイルのシート名を記入する（「sheet1」「sheet2」などはNG） ・白紙シートは削除する ・シート名は，シートの種類により色分けする
ファイル名	・「[決算期（数字4桁）]_[リファレンスナンバー]_[ファイル名]_[作成者名]_[最終更新日（数字6桁）]」[※] （例：「1903_N_借入金_武田_190412」） ・修正履歴を残すため[上書き保存]ではなく，最終更新日を変更して[名前を付けて保存]を行う

第4章　経理部の決算業務とは　　57

| その他 | ・原則として，吹き出しコメントは使用しない（必要なコメントはシートに直接記載する）
・システムから出力しただけのデータ（元帳など）をエクセルファイルに残さない。残す必要がある場合でも，アウトプット資料とは区分する
・過年度に作成したシートは当年度のエクセルファイルに残さない
・古いファイルは削除せずに，「ゴミ箱」フォルダを作成し，そこに収納しておく（決算がすべて終了したら削除してOK） |

（※）「リファレンスナンバー」については，P.67参照

【アウトプット業務の原則２】網羅的に作成すること

　先述のとおり，アウトプット資料を作成する目的の１つは，後工程で「分析業務」「開示業務」を実施するためである。そうであるならば，すべての勘定科目が分析できるようにアウトプット資料を作成しなければならないし，すべての開示資料と紐付くようにアウトプット資料を作成しなければならない。つまり，アウトプット資料は「網羅的に」作成しなければならない。

　アウトプット資料の網羅性とは，以下の３つをいう。

【図表４－４】アウトプット資料の網羅性とは

①モレがないか　　　開示に必要な資料は「すべて」作成しているか

②ダブリがないか　　作成資料に重複はないか

③無駄がないか　　　「とりあえず」作っているという資料はないか

① アウトプット資料にモレがないか

アウトプット資料の「モレ」とは，経理部の最終成果物（有価証券報告書や決算短信等）に必要なアウトプット資料が「すべて」作成されていないことをいう。

上場企業経理部が1回の決算で作成するエクセルシートは数百枚に及ぶ。単に会計システムから出力したデータも含むと数千枚になるケースもある。膨大なアウトプット資料を作成・保存しているにもかかわらず，多くの企業で資料の「モレ」がある。それも，決算発表が遅い企業ほど，資料も「モレ」は多い。

経理部が1回の決算中に作成しなければならない資料は，せいぜい200〜300シートであり，【図表4−5】に挙げたようなものだけである。しかし，中には1回の決算中に1,000枚を超えるシートを作成している企業もある。にもかかわらず「モレ」が多い。

【図表4−5】経理部で作成すべきアウトプット資料

単体決算	□試算表 □勘定科目明細（全勘定科目） □変動分析シート（試算表ベース，勘定科目ベース）
連結決算	□連結精算表 □連結仕訳明細 □連結キャッシュ・フロー計算書（精算表） □連結キャッシュ・フロー作成用増減明細 □変動分析シート（精算表ベース，連結仕訳ベース）
開示業務	□開示基礎資料（開示資料作成に必要となる注記用の基礎資料）

上場企業経理部においても，会計システムから出力された試算表と勘定科目別の残高明細表ぐらいしかアウトプット資料を用意できていないケースがあるが，こういう企業は，決算業務のゴールが単体試算表や連結精算表の作成になっているのであろう。何度も述べているとおり，決

算業務のゴールは，最終成果物の提供・報告であるということを忘れてはならない。

アウトプット資料を作成しているという会社であっても，勘定科目明細を一部の科目しか作成していなかったり，変動分析シートを作成していなかったりというケースも多い。こういう企業も，決算業務のゴールが単体試算表や連結精算表の作成になっているのであろう。

単体決算に関するアウトプット資料は網羅的に作成していても，連結決算になるとモレが目立つというケースもある。これは，単体決算に関しては業務分担や業務フローが確立され，アウトプット業務も十分に実施されているが，連結決算になると仕組みが崩れてしまっているのである（連結決算が属人化している企業は多い）。また，連結精算表は作成しているものの，連結仕訳の根拠資料を作成していなかったり，連結キャッシュ・フロー精算表は作成しているものの，連結キャッシュ・フロー作成用の増減明細を作成していなかったり，というケースも多い。

開示基礎資料にモレがあるというケースも非常に多い。決算業務の最終ゴールは最終成果物の提供・報告であるから，最終成果物である有価証券報告書や決算短信等のすべての開示項目に対する開示基礎資料を作成しなければならない。開示基礎資料もないのにどうやって開示資料を作成し，第三者がチェックし，監査を受けているのか不思議でならないが，おそらく，開示の雛形に数字を当てはめるだけで，第三者がチェックしていないのだろう。現状では，開示基礎資料が網羅的に作成されている企業のほうが少ない。開示基礎資料が網羅的に作成されていないから決算や監査に時間がかかり，決算業務が属人化するのである。決算業務の質を向上させるためにも，決算の効率化・早期化を図るためにも，アウトプット資料の網羅的な作成は必須である。

多くの企業でアウトプット資料に「モレ」が生じている原因は，「開示の視点」が欠落していることによる。経理部員は，自社における最終

成果物とは何なのか，それはどのような内容なのかを知っておく必要がある（【開示業務の原則1】参照（P.101））。

② アウトプット資料にダブりがないか

アウトプット資料の「ダブり」とは，アウトプット資料に重複があることをいう。作成したアウトプット資料に重複がないという企業は，おそらくない。重複した資料や，似たような資料を何枚も作成しているケースが多い。

例えば，固定資産関連であれば，(a)固定資産管理システムから出力した「固定資産台帳」のデータ，(b)会計システムから出力した「固定資産残高明細」，(c)キャッシュ・フロー作成用の「固定資産増減明細」，(d)附属明細表作成用の「固定資産増減明細」…と，データの出所や内容は同じであるにもかかわらず，各担当者が重複して類似の資料を作成しているケースがある。また，固定資産関連の開示基礎資料だけでも，B/S注記，P/L注記，セグメント関連，資産除去債務関連，税効果関連，有報用，短信用，会社法用，税法用…と，固定資産だけで何百というシートを作成し，何十というファイルを保存している企業も多い。

このようなことが起こる原因は，①と同様に，「開示の視点」が欠落していることに加え，経理部内の業務が「縦割り」になっていることによる。業務は「縦割り」ではなく，「横串」を刺さなければならない。これについては【アウトプット業務の原則4】（P.66）を参照されたい。

アウトプット資料にダブりが多いということは，当然，それだけ決算や監査に時間がかかるということである。資料のダブりをなくすためには，事前に作成すべきアウトプット資料はどのようなものかを最終ゴールから逆算して明確にしておき，作成すべきアウトプット資料を一覧表（リファレンスナンバー表）にしておくことが望まれる。リファレンスナンバー表については【アウトプット業務の原則5】（P.67）で後述する。

③　アウトプット資料に無駄がないか

　アウトプット資料に「無駄がある」とは，作成・保存する必要のない資料を作成・保存していることをいう。アウトプット資料をモレなく，ダブりなく作成しているとしても，作成しているアウトプット資料に無駄があるケースも多い。

　作成者以外の第三者のみならず，作成者自身もアウトプット資料の意図，目的がわからずに「とりあえず」作成しているケースもある。前期の決算担当者が作成していたから今期も作成しなければならない，というわけではない。前期の監査人が資料提示を求めたから今期も会計監査で必要というわけではない。

　これらを含め，アウトプット資料の無駄は，以下のようなものである。このような資料は，作成も，保存もしてはならない。根絶すべきである。

【図表４－６】無駄なアウトプット資料

資料作成の無駄	□作成の意図・目的，作成方法・作成過程がわからない資料の作成 □数値の根拠・出所がわからない資料の作成 □内容の理解・解釈に時間を要する資料の作成 □単年度の残高・損益しかわからない資料の作成（※）（「分析業務」に使えない）。 □最終成果物と「一対一」で紐付かない資料の作成（※）（「開示業務」に使えない）。 □第三者が見てわからない資料の作成（※）（「会計監査」などに使えない）
資料保存の無駄	□上記６つのアウトプット資料の保存 □誰が作成したかもわからない資料の保存 □どの会計期間のものかもわからない資料の保存 □会計システムから出力されただけの帳票類の保存 □決算・開示に直接的に役に立たない元資料の保存 □作成途中，未完成の資料の保存 □部内で共有すべきではない属人化した資料の保存

（※）これらについては【アウトプット業務の原則３】でも詳述する。

私が上場企業に決算早期化や業務改善のコンサルティングを実施する場合，まずクライアントが決算中に作成する全資料を提出してもらう（共有フォルダに収納している全決算データのコピーをいただく）。それらの全シートを閲覧し，①モレがないか，②ダブリがないか，③無駄がないか，を分析している。すると，これまでの経験上，決算発表が遅い会社は，アウトプット資料の網羅性に大きな問題を抱えている。<u>おおむね，作成しているアウトプット資料の50％以上は，①モレがある，②ダブリがある，③無駄がある，のいずれかに該当する。</u>

　仮に決算中にエクセルで200シートを作成し，1シートの作成に平均10分を要しているとすると，資料作成に2,000時間かかっていることになる。このうち50％以上が無駄な資料だとすれば，単純に1,000時間もの資料作成時間が無駄であるということになる。アウトプット資料を網羅的に作成していないことにより，1決算ごとに1,000時間もの時間を無駄にしている可能性がある。決算早期化や標準化を図るために業務フローを見直したり，ITシステムを導入・改良したりすることも一定の効果はあると思われるが，アウトプット資料の網羅性を見直したほうが効果ははるかに大きいのである。

【アウトプット業務の原則3】有用性のあるものを作成すること

　アウトプット資料を，モレなく，ダブリなく，無駄なく「網羅的に」作成しているとしても，それが使えないものであれば作成する意味がない。アウトプット資料を作成する限りは，後工程の「分析業務」に使えるものでなければならないし（分析への有用性），「開示業務」に使えるものでなければならないし（開示への有用性），会計監査で使えるものでなければならない（監査への有用性）。

　しかし，「網羅性」と同様に，「有用性」のあるアウトプット資料を作成している企業は少ない。つまり，資料の作成自体が目的になっており，

誰も見ない，何の役に立たないというアウトプット資料を大量に作成して満足している企業が多い。

アウトプット資料は，以下の3つの有用性を備えたものを作成しなければならない。

【図表4-7】アウトプット資料の有用性とは

①監査への有用性　すべての資料は監査に使えるか
　　　　　　　　　（第三者が見てわかる資料か）

②分析への有用性　財務分析できているか

③開示への有用性　開示資料とリンクしているか

① アウトプット資料は監査への有用性があるか（会計監査に使えるか）
　監査への有用性があるかとは，作成したアウトプット資料は監査法人が見てわかるものか，監査調書になりうるのかということである。【アウトプット業務の原則1】（P.53）でも述べたとおり，アウトプット資料は第三者が見てわかるものを作成することが原則である。
　私が会計監査を実施していた際，クライアントから提出された資料の内容や意味がわからず，会議室の中で資料の理解や解釈に膨大な時間を費やしたことが何度も何度もあった。監査手続についての質問ではなく，資料を理解するための質問をせざるを得ないこともある。はっきりいって，時間と紙の無駄である。
　ようやくその資料の内容や意味が理解できたとしても，会計監査に活用すらできないことが多いし，活用できたとしてもそのような第三者が

見てすぐにわからないような資料が監査調書に収められることはない。当然，会議室で監査人が監査調書を作成する工数も増える（当然，その時間もクライアントに請求されている）。

　基本的に，【図表4－6】に挙げたようなアウトプット資料は監査への有用性は低いと思っておいたほうがよい。自社で作成し，監査法人に提出したアウトプット資料がすべて会計監査に活用され，監査調書に収められていると思っている方もいるが，実態としては「使えない」資料が多い。提出された資料の大半が参考にもならないこともあれば，そのまま捨てるものもある。会社側で無駄なアウトプット資料を大量に作成し，監査法人は大量の資料を捨てている，ということがあまりにも多い。

　私のクライアントで，アウトプット資料を全面的に見直した結果，監査法人からの質問がゼロになり，監査工数が減っただけでなく，監査報酬も減ったという企業がいくつもある。逆にいえば，監査への有用性が低いアウトプット資料を作成している企業は，監査工数や監査報酬の中には，本質的な監査手続に関係ないものが多く含まれているということである。

　会社側でも会計監査への理解が必要だし，監査法人側もクライアントへの教育・指導が必要である[注]。

　（注）会計監査の基礎知識・ポイントを知りたい方は，拙著『「経理の仕組み」で実現する　決算早期化の実務マニュアル＜第2版＞』（中央経済社）P.97〜を参考にしていただきたい。

② 　アウトプット資料は分析への有用性があるか（財務分析に使えるか）

　P.54でも述べたとおり，アウトプット資料を作成する目的の1つは，「アウトプット業務」の後工程である「分析業務」「開示業務」を実施するためである。そうであるならば，財務分析に役立たない資料は作成してはならない。

しかし，多くの企業が財務分析に役立つエクセルシート（リードシート）（【分析業務の原則7】（P.91）参照）を作成していないし，勘定科目明細も単年度の残高・損益しか載っていないものを作成している（つまり財務分析をやっていない）。アウトプット資料を作成するのであれば，すべての資料を過年度のデータと比較・分析できるものにしなければならない。財務分析はどのように実施するのか，分析への有用性があるアウトプット資料をどのように作成するのかについては，②「分析業務」（P.79〜）で後述する。

③　アウトプット資料は開示への有用性があるか（開示物とリンクしているか）

アウトプット資料を作成する目的の1つは，「アウトプット業務」の後工程である「分析業務」「開示業務」を実施するためであるから，「開示業務」に役立つ資料を作成しなければならない。

「開示業務」に役立つ資料とは，最終成果物である有価証券報告書や決算短信等と「一対一」の対応をしている開示基礎資料を作成することである。開示基礎資料から最終成果物を「コピペ」で作成でき，開示基礎資料が最終成果物の「証跡」とならなければならない。

上場企業においても，開示基礎資料がほとんど整備されていない企業がある。あらかじめ与えられた有価証券報告書などの雛形に，どこかから拾ってきた数値を当てはめているかと思われる。しかし，そんな実務をやっていると，どうやって最終成果物の表示の妥当性などの検証をするのだろうか。どうやって会計監査を受けるのだろうか。後任の担当者はどうやって開示業務を引き継げばいいのだろうか。内部統制上も問題（不備）があるといわざるを得ない。

開示基礎資料が整備されている企業でも，最終成果物と「一対一」の対応関係がわかるような資料になっていないケースも多い。例えば，損

益計算書の注記事項として，有形固定資産の売却益・売却損・除却損・圧縮損を勘定科目別に注記しなければならない場合がある。しかし，有形固定資産の明細を見ても，特別損益の明細を見ても，それらの勘定科目別損益額が掲載されていないケースがある。また，税効果会計関連の注記事項として，繰延税金資産および繰延税金負債の発生の主な原因別の内訳や，法定実効税率と税効果会計適用後の法人税等の負担率との差異の原因となった主な項目別の内訳を記載しなければならないが，税金関係の開示基礎資料を整備していても，注記項目との「一対一」の対応関係がわからない資料になっているケースが多い。つまり，繰延税金資産および繰延税金負債の明細や税率差異の明細は作成しているものの，最終成果物に「コピペ」できるようにはなっていない。

　最終成果物の雛形に入力する際には，開示項目・数値の集約など何らかの属人的な処理がなされていると思われるが，そのような属人的な処理が挟まれると，上述した開示基礎資料がほとんど整備されていない企業と同じ問題が生じる。つまり，検証も監査も引継ぎもできない。

　なお，開示基礎資料と最終成果物は「一対一」の対応をしていなければならないことから，開示基礎資料はゴールから逆算して作成しなければならない。これについては，【開示業務の原則2】（P.103）で詳述する。

【アウトプット業務の原則4】資料は「縦割り」ではなく「横串」で作ること

　資料は「縦割り」ではなく「横串」で作らなければならない。これについては，「分析業務」や「開示業務」の説明をしてから述べたほうがよいため，【開示業務の原則3】（P.108）で後述する。

【アウトプット業務の原則5】体系的に保管すること（リファレンスナンバーの導入）

　ここまで，アウトプット資料の「作成」についての原則を述べてきたが，最後に「保管」についての原則を述べる。

　アウトプット資料は，体系的に保管しなければならない。データで保存する場合も，紙で保存する場合も，ひと目でどこにあるかがわかるように保存方法について社内ルールを作るべきである。

　私は，これまで上場企業100社以上の共有フォルダを見てきたが，ひと目でどこにあるかがわかるようにデータが体系的に保管されていた企業は数社しかなかった。多くの企業の共有フォルダは「カオス」である。保管方法が社内ルール化されていないため，どこに何が保存されているかもわからず，またファイル名の付け方も社内ルール化されていないため，ファイルを開けなければ中身もわからないというケースが多い（このような企業は必ず決算発表が遅い）。

　決算作業のみならず，日常業務においても「モノを探す」という時間は多いはずである。決算作業中に「モノを探す」という時間をゼロにするだけでも，おそらく決算を1日短縮させるくらいの効果があるのではないだろうか。この「モノを探す」時間をゼロにする方法がある。

　それが，「リファレンスナンバー」の導入である。

　「リファレンスナンバー」とは，すべてのアウトプット資料に対してあらかじめ参照付与する番号のことをいう。すべての資料を番号で管理し，その番号は永久に変えない。そうすれば資料のモレも，ダブりもなくなる。各人が好き勝手に属人的な資料を作成することもなくなる。そして，資料を探す時間はゼロになる。

　リファレンスナンバーを付与する際は，以下の6つを守らなければならない。

ルール①	すべてのアウトプット資料に付与する
ルール②	①の後に「リファレンスナンバー表」（一覧表）を整備する
ルール③	すべてのアウトプット資料を番号管理する
ルール④	リファレンスナンバーは原則として永久に変えない
ルール⑤	リファレンスナンバーは決算前にあらかじめ付与し，リファレンスナンバーが付与されていない資料を決算中に作成しない（させない）
ルール⑥	エクセルファイル・エクセルシートもリファレンスナンバーで名称を付けて保存する。

「リファレンスナンバー」を導入することにより，以下のような効果が得らえる。

効果①	「モノを探す」時間をゼロにすることができる
効果②	決算中に作成すべきアウトプット資料の全体像を把握することができる
効果③	アウトプット資料の作成忘れ，モレ，ダブり，無駄を防ぐことができる
効果④	アウトプット資料を各担当者が属人的に作成することを防ぐことができる

　どのようなナンバーを付与するかは，特に決まりはない。自由に付与してよいが，経理部員全員がすぐにわかるように付与して欲しい。
　私の場合，すべてのクライアントに，次のように，<u>アルファベット1桁</u>＋<u>数字3桁</u>＝合計4桁のリファレンスナンバーを付与することを推奨している（資料の数が多い場合は，数字4桁，合計5桁で対応してい

第4章　経理部の決算業務とは　69

る）。

G120

　頭のアルファベット1桁は，【図表4-8】のように，アウトプット資料を大きく「開示」「単体」「連結」とに分け，それぞれを細分化したグループに「Aシリーズ」「Bシリーズ」…と振り分けて付与している。「C～Wシリーズ」は単体決算資料であるが，「C」～「W」の振り分けは，自社の勘定科目体系に合わせて振り分ければよい。例えば，退職給付引当金以外に，賞与引当金など金額的重要性が高い引当金が多く存在するのであれば，「Pシリーズ」を「退職給付引当金」ではなく「引当金」にしても構わない。「無形固定資産」がほとんどないのであれば，「Gシリーズ」を「有形・無形固定資産」にしても構わないし，「その他固定負債」がほとんどないのであれば，「Oシリーズ」を「その他流動資産・その他固定負債」にしても構わない。自社の実態に合わせて臨機応変にリファレンスナンバーを付与してほしい。

　数字3桁については，【図表4-10】のように，アウトプット資料を「大分類」（リードシート）→「中分類」（勘定科目明細）→「小分類」（さらに詳細な明細）と3区分したうえで，「大分類」は下2桁「00」，「中分類」は下2桁「10」「20」「30」…，「小分類」は下2桁「11」「12」「13」…という具合に，ピラミッド構造になるように付与していく（「リードシート」については【分析業務の原則7】（P.91）で説明する）。「小分類」（さらに詳細な明細）は必要があれば整備するが，不要な場合が多いと思われる。

　すべての資料にリファレンスナンバーを付与することができたら，これを【図表4-11】のように「リファンスナンバー表」として一覧にす

る。その際に，リファレンスナンバーと資料名だけを記載するのではなく，資料ごとに，「作成者名」「作成締切日」「チェック担当者名」「チェック日」なども記載できる欄を設けておくことにより，「リファレンスナンバー表」を決算時における「業務分掌表」もしくは「To Do List」としても活用することが可能となるし，決算業務の証跡ともなる。内部監査用の資料として活用している企業もある。

第4章　経理部の決算業務とは　71

【図表4－8】リファレンスナンバーの付与例①

開示	Aシリーズ	開示資料，最終成果物
	Bシリーズ	開示サポート資料
単体	Cシリーズ	現金預金
	Dシリーズ	営業債権（受取手形，売掛金，貸倒引当金等）
	Eシリーズ	棚卸資産
	Fシリーズ	その他流動資産
	Gシリーズ	有形固定資産
	Hシリーズ	無形固定資産
	Iシリーズ	リース取引
	Jシリーズ	有価証券（関係会社株式，出資金を含む）
	Kシリーズ	貸付金
	Lシリーズ	その他投資
	Mシリーズ	営業債務（支払手形，買掛金等）
	Nシリーズ	借入金
	Oシリーズ	その他流動負債
	Pシリーズ	退職給付引当金
	Qシリーズ	その他固定負債
	Rシリーズ	税金・税効果
	Sシリーズ	純資産の部
	Tシリーズ	損益関連項目
	Uシリーズ	原価計算
	Vシリーズ	その他注記資料等
	Wシリーズ	後発事象，偶発債務
連結	Xシリーズ	連結財務諸表（連結精算表，連結開示基礎資料）
	Yシリーズ	連結キャッシュ・フロー計算書
	Zシリーズ	連結パッケージ

【図表4-9】リファレンスナンバーの付与例②-共有フォルダの全体像

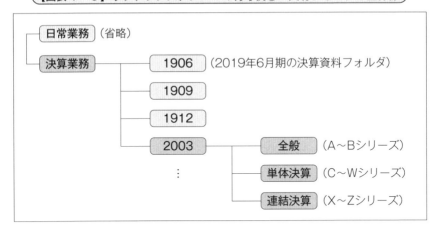

【図表4-10】リファレンスナンバーの付与例③-共有フォルダ「単体決算」内

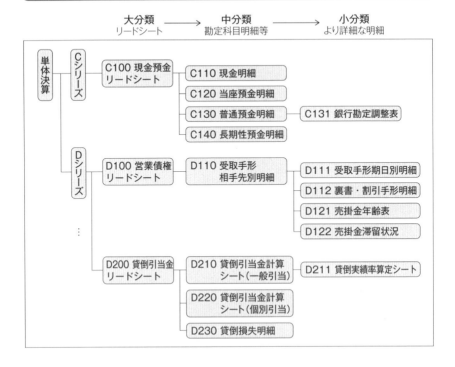

第4章　経理部の決算業務とは　　73

【図表4−11】リファレンスナンバー表

	タイトル		No.	分析資料	作成資料（※は確認業務等）	更新時期	担当者（主）	担当者（副）	締切日	作成日	チェック担当者	チェック日
A	目次		A000		決算業務分担表（リファレンスナンバー表）	四半期ごと						
			A001		決算スケジュール表	四半期ごと						
	開示資料	金商法等	A100		決算短信	四半期ごと						
			A110		有価証券報告書	四半期ごと						
			A111		確認書	四半期ごと						
			A112		内部統制報告書	期末のみ						
		会社法	A200		単体決算書	四半期ごと						
			A210		単体計算書類	期末のみ						
			A220		単体注記表	期末のみ						
			A230		附属明細書（計算書類）	期末のみ						
			A240		連結計算書類	期末のみ						
			A250		連結注記表	期末のみ						
			A260		事業報告	期末のみ						
			A270		附属明細書（事業報告）	期末のみ						
			A280		株主総会招集通知	期末のみ						
	その他提出資料		A300		取締役会提出資料（月次決算資料）	毎月						
B	開示基礎資料（単体決算）		B100		組替表（単体）-BS	四半期ごと						
			B101		組替表（単体）-PL	四半期ごと						
			B102		決算整理仕訳	四半期ごと						
			B110		単体試算表 変動分析シート	四半期ごと						
			B120		開示用財務指標データ（単体）	四半期ごと						
			B121		単体指標の計算	四半期ごと						
			B122		株式数	四半期ごと						
			B123		自己株式数	四半期ごと						
			B124		自己株台帳	四半期ごと						
			B125		株価推移	四半期ごと						
			B126		期末予測	四半期ごと						
			B127		期末株式数予測	随時						
	財務分析資料（単体決算）		B200	■	貸借対照表増減（単体）	四半期ごと						
			B201	■	損益計算書増減（単体）	四半期ごと						
			B202	■	製造原価報告書増減（単体）	四半期ごと						
			B203	■	販売費増減（単体）	四半期ごと						
			B204	■	一般管理費増減（単体）	四半期ごと						
			B210	■	貸借対照表増減（単体・月次）	毎月						
			B211	■	損益計算書増減（単体・月次）	毎月						
			B212	■	製造原価報告書増減（単体・月次）	毎月						
			B213	■	四半期決算推移表	四半期ごと						
	監査関連資料	法定	B400		経営者確認書（金商法）	四半期ごと						
			B410		経営者確認書（会社法）	期末のみ						
		任意	B500		事前協議記録	四半期ごと						
			B510		監査時事前質問・提出資料	四半期ごと						
			B520		監査時質疑応答記録	四半期ごと						
	その他資料		B800		人員表	四半期ごと						
			B810		組織図	随時						
C	現金預金		C100	■	現金預金リードシート	四半期ごと						
			—		残高証明書	期末のみ						
			—		残高確認書発送，照合，差異報告書作成	期末のみ						
D	営業債権（受取手形，売掛金）		D110	■	営業債権リードシート	四半期ごと						
			D110	■	受取手形明細	四半期ごと						
			D111		受取手形 伝票番号順・満期日順明細	四半期ごと						
			D120	■	売掛金 得意先別明細（分析用）	四半期ごと						
			D121		売掛金 得意先別明細（全件）	四半期ごと						
			D130		売掛金 年齢調表	四半期ごと						
			D140		売掛金 未収明細	四半期ごと						
			D141		売掛金 発生及び回収並びに滞留状況表	期末のみ						
			D142		長期滞留売掛金	半期ごと						

		D143		売掛金　入金金額確認データ	期末のみ					
		D144		売掛金　ロールフォワード	期末のみ					
		D145		売掛金データ	期末のみ					
			※	残高確認書発送，照合，差異報告書作成	期末のみ					
	貸倒引当金	D200	■	貸倒引当金リードシート	四半期ごと					
		D210		貸倒引当金　一括繰入額の算定	四半期ごと					
		D220		貸倒損失一覧	四半期ごと					
E	棚卸資産	E100	■	棚卸資産リードシート	四半期ごと					
		E110	■	製品別在庫明細	四半期ごと					
		E111	■	製品明細（分析用）	四半期ごと					
		E120	■	製品明細（全件）	四半期ごと					
		E121		滞留在庫評価損明細	四半期ごと					
		E122		賞味期限切れ在庫明細	四半期ごと					
		E123	■	製品在庫前期比較（数量）	四半期ごと					
		E124	■	製品在庫前期比較（金額）	四半期ごと					
		E125	■	製品在庫前期比較（単価）	四半期ごと					
		E126		出荷報告マッチアンマッチリスト	四半期ごと					
		E127		出荷止め製品一覧表	四半期ごと					
		E128		棚卸資産ロールフォワード	期末のみ					
		E129	■	棚卸資産評価損	四半期ごと					
		E130	■	原料・包装材料明細	四半期ごと					
		E140		原材料明細（全件）	四半期ごと					
		E141		原液明細（全件）	四半期ごと					
		E142		預け品在庫明細（全件）	四半期ごと					
		E143		材料明細（全件）	四半期ごと					
		E150		原材料他勘定明細	四半期ごと					
		E151		製品他勘定明細	四半期ごと					
			※	在庫証明との照合	期末のみ					
			※	残高確認書発送，照合，差異報告書作成	期末のみ					
F	その他流動資産	F100	■	その他流動資産リードシート	四半期ごと					
		F110	■	前払費用明細	四半期ごと					
		F120	■	未収収益明細	四半期ごと					
		F130	■	未収入金明細	四半期ごと					
		F140	■	仮払金明細	四半期ごと					
		F150	■	立替金明細	四半期ごと					
G	有形固定資産	G100	■	有形固定資産リードシート	四半期ごと					
		G110	■	有形固定資産　増減明細（累計ベース）	期末のみ					
		G111	■	有形固定資産　増減明細（四半期ベース）	四半期ごと					
		G120		有形固定資産　増加明細	四半期ごと					
		G130		有形固定資産　売却明細	四半期ごと					
		G131		有形固定資産　除却明細	四半期ごと					
		G140		有形固定資産　減価償却費明細	四半期ごと					
		G150		土地明細	四半期ごと					
		G151		建設仮勘定明細	四半期ごと					
		G160		減損の判定　チェックシート	四半期ごと					
		G161		減損の判定　グルーピングの考え方	四半期ごと					
		G162		減損の判定　営業所別損益	四半期ごと					
		G163		減損の判定　確認シート	四半期ごと					
		G164		関係会社株式の減損確認	四半期ごと					
H	無形固定資産	H100	■	無形固定資産リードシート	四半期ごと					
		H110	■	無形固定資産　増減明細（累計ベース）	期末のみ					
		H111	■	無形固定資産　増減明細（四半期ベース）	四半期ごと					
		H120		無形固定資産　増加明細	四半期ごと					
		H130		無形固定資産　除却明細	四半期ごと					
		H140		無形固定資産　減価償却費明細	四半期ごと					
		H150		電話加入権明細	四半期ごと					
		H160		ソフトウェア勘定明細	四半期ごと					
		H170		ソフトウェア仮勘定明細	四半期ごと					
I	リース取引	I100	■	リース取引リードシート	四半期ごと					
		I101		リース資産一覧表	四半期ごと					

		I102		リースデータ集計（リース会社集計）	四半期ごと					
J	有価証券	J100	■	有価証券リードシート	四半期ごと					
		J110	■	有価証券　増減明細　（累計ベース）	期末のみ					
		J111	■	有価証券　増減明細　（四半期ベース）	四半期ごと					
		J120		有価証券　銘柄別明細	四半期ごと					
		J130		非上場株式の時価	四半期ごと					
		J140	■	出資金明細	四半期ごと					
		J150		預り有価証券明細	四半期ごと					
		J160		公表相場	四半期ごと					
			※	残高証明書との照合	期末のみ					
			※	残高確認書発送，照合，差異報告書作成	期末のみ					
K	貸付金	K100	■	貸付金リードシート	四半期ごと					
		K110	■	貸付金　増減明細　（累計ベース）	期末のみ					
		K120	■	貸付金　増減明細　（四半期ベース）	四半期ごと					
L	その他投資	L110	■	長期前払費用　明細	四半期ごと					
		L111	■	長期前払費用　増減明細　（累計ベース）	期末のみ					
		L112	■	長期前払費用　増減明細　（四半期ベース）	四半期ごと					
		L120	■	差入敷金　明細	四半期ごと					
		L121	■	差入敷金　増減明細　（累計ベース）	期末のみ					
		L122	■	差入敷金　増減明細　（四半期ベース）	四半期ごと					
		L123		差入敷金　明細（全件）	四半期ごと					
		L124		資産除去債務明細	四半期ごと					
		L130	■	差入保証金　明細	四半期ごと					
		L131	■	差入保証金　増減明細　（累計ベース）	期末のみ					
		L132	■	差入保証金　増減明細　（四半期ベース）	四半期ごと					
			※	残高確認書発送，照合，差異報告書作成	期末のみ					
		L140	■	長期未収入金明細	四半期ごと					
		L150	■	会員権　明細	四半期ごと					
		L151		会員権　評価	四半期ごと					
M	営業債務	M100	■	営業債務明細	四半期ごと					
		M110	■	支払手形明細	四半期ごと					
		M111	■	支払手形　決済日別明細	四半期ごと					
		M112	■	支払手形　科目別明細	四半期ごと					
		M113	■	支払手形　番号順明細	四半期ごと					
		M120	■	買掛金明細	四半期ごと					
		M121		買掛金ロールフォワード	期末のみ					
			※	残高確認書発送，照合，差異報告書作成	期末のみ					
N	借入金	N100	■	借入金リードシート	四半期ごと					
		N110	■	借入金　増減明細　（累計ベース）	期末のみ					
		N120	■	借入金　増減明細　（四半期ベース）	四半期ごと					
O	その他流動負債	O100	■	その他流動負債リードシート	四半期ごと					
		O110	■	未払金明細　（分析用）	四半期ごと					
		O111		未払金相手先別明細（全件）	四半期ごと					
		O120	■	未払費用明細	四半期ごと					
		O130	■	前受収益明細	四半期ごと					
		O140	■	前受金明細	四半期ごと					
		O150	■	預り金明細	四半期ごと					
		O160	■	販売促進引当金明細	四半期ごと					
		O161		販売促進引当金算定シート	四半期ごと					
		O170	■	賞与引当金明細	四半期ごと					
		O171		賞与引当金算定シート	四半期ごと					
P	退職給付引当金	P100	■	退職給付引当金リードシート	四半期ごと					
		P110		退職給付引当金　増減明細	四半期ごと					
		P120		数理差異償却	四半期ごと					
Q	その他固定負債	Q110	■	その他固定負債リードシート	四半期ごと					
		Q110	■	長期未払金明細	四半期ごと					
		Q120	■	預り保証金明細	四半期ごと					
		Q120	■	預り保証金明細	四半期ごと					
R	税金・税効果	R110	■	税金関連リードシート	期末のみ					
		R120		繰延税金資産明細	期末のみ					

		R130		税率調整	期末のみ						
		R140		繰延税金資産スケジューリング	四半期ごと						
		R150		見積実効税率	1～3Qのみ						
		R200		消費税明細	四半期ごと						
	申告書	R300		法人税申告書・別表	期末のみ						
		R310		別表5（1）内訳	期末のみ						
		R320		別表8（11）内訳	期末のみ						
		R330		所得税額控除	期末のみ						
		R340		研究開発費（税務上）	期末のみ						
		R400		消費税申告書	期末のみ						
S 純資産		S100	■	純資産の部リードシート	四半期ごと						
		S110	■	株主資本等変動計算書	四半期ごと						
		S120	■	資本金・資本準備金　増減明細	四半期ごと						
		S130	■	自己株式・自己株式処分差損益明細	四半期ごと						
T 損益関連項目	売上・原価	T100	■	売上高・売上原価リードシート	四半期ごと						
		T110	■	相手先別売上高明細（分析用）	四半期ごと						
		T111	■	相手先別売上高明細（全件）	四半期ごと						
		T120	■	事業別売上高明細	四半期ごと						
		T130		原材料仕入	四半期ごと						
		T140		商品仕入	四半期ごと						
	販管費	T200	■	販管費リードシート	四半期ごと						
		T210	■	支払手数料明細	四半期ごと						
		T220	■	広告宣伝費明細	四半期ごと						
		T230	■	寄付金明細	四半期ごと						
		T240	■	研究開発費明細	四半期ごと						
		T250	■	報酬明細（役員報酬・監査報酬）	四半期ごと						
	営業外	T300	■	営業外損益リードシート	四半期ごと						
		T310	■	受取利息明細	四半期ごと						
		T320	■	受取配当金明細	四半期ごと						
		T330	■	有価証券利息明細	四半期ごと						
		T340	■	その他営業外収益明細	四半期ごと						
		T350	■	その他営業外費用明細	四半期ごと						
		T360	■	雑収入・雑損失明細	四半期ごと						
	特別	T400	■	特別損益リードシート	四半期ごと						
		T410	■	特別利益明細	四半期ごと						
		T420	■	特別損失明細	四半期ごと						
V その他注記資料等		V100	■	保証債務	四半期ごと						
		V110		関係会社との債権債務一覧	期末のみ						
		V120		関係会社との内部取引一覧	期末のみ						
		V130		研究開発費（有報）	四半期ごと						
X 開示基礎資料（連結決算）		X100	■	組替表（連結）-BS	四半期ごと						
		X110	■	組替表（連結）-PL	四半期ごと						
		X120	■	開示用財務指標データ（連結）	四半期ごと						
		X130	■	連結経営指標の期間比較	四半期ごと						
		X131	■	連結経営指標の計算シート	四半期ごと						
		X140	■	連結グループ一覧	四半期ごと						
		X150		連結従業員数	四半期ごと						
財務分析資料（連結決算）		X200	■	連結貸借対照表増減	四半期ごと						
		X201	■	連結損益計算書増減	四半期ごと						
		X202	■	連結包括利益計算書増減	四半期ごと						
		X203	■	連単倍率分析　B/S	四半期ごと						
		X204	■	連単倍率分析　P/L	四半期ごと						
連結精算表		X300		連結精算表	四半期ごと						
		X301		単純合算	四半期ごと						
		X310	■	連結仕訳帳	四半期ごと						
		X320	■	連結前修正	四半期ごと						
		X330	■	投資資本相殺消去	四半期ごと						
		X340	■	債権債務消去	四半期ごと						
		X350	■	内部取引消去	四半期ごと						

大分類	中分類	コード		資料名	頻度
		X351	■	内部取引元資料	四半期ごと
		X360	■	原価振替	四半期ごと
		X370	■	未実現利益消去	四半期ごと
		X380	■	持分法	四半期ごと
		X390	■	税効果	四半期ごと
		X400	■	その他連結仕訳	四半期ごと
注記資料	セグメント	X500	■	セグメント情報リードシート	四半期ごと
		X510	■	セグメント情報-セグメント損益	四半期ごと
		X511	■	セグメント情報-セグメント損益（会社別）	四半期ごと
		X512	■	セグメント情報-内部取引	四半期ごと
		X520	■	セグメント情報-資産（期間比較）	期末のみ
		X521		セグメント情報-資産（会社別）	期末のみ
	BS	X600	■	連結注記情報-BS注記	四半期ごと
		X601	■	連結注記情報（担保資産）	期末のみ
		X602	■	連結注記情報（担保明細）	期末のみ
		X603	■	連結注記情報（保証債務）	四半期ごと
		X604	■	連結注記情報（その他のBS注記）	期末のみ
	PL	X610	■	連結注記情報-PL注記	期末のみ
		X611	■	研究開発費（有価証券報告書）	四半期ごと
		X612	■	固定資産売却損益	期末のみ
		X613	■	固定資産明細	期末のみ
	SS	X620	■	連結注記情報-包括利益計算書	期末のみ
	リース	X630	■	連結注記情報-リース（期間比較）	期末のみ
		X631	■	連結注記情報-リース（単純合算）	期末のみ
		X632		リース会社別内訳	期末のみ
		X633		オペレーティングリース	期末のみ
	金融商品	X640	■	連結注記情報-金融商品（期間比較）	期末のみ
		X641		連結注記情報-金融商品（定性情報）	期末のみ
	有価証券	X650	■	連結注記情報-有価証券（期間比較）	期末のみ
		X651		連結注記情報-有価証券（銘柄別比較）	期末のみ
		X652		連結注記情報-有価証券（特定投資株式）	期末のみ
	退職給付	X670	■	連結注記情報-退職給付（期間比較）	期末のみ
		X671		連結注記情報-退職給付（単純合算）	期末のみ
		X642		連結注記情報-退職給付（開示用）	期末のみ
	税効果	X680	■	連結注記情報-税効果会計（期間比較）	期末のみ
		X681		連結注記情報-税効果会計（繰延税金資産明細）	期末のみ
		X682		連結注記情報-税効果会計（税率調整）	期末のみ
	関連当事者	X690	■	連結注記情報-関連当事者取引	期末のみ
		X691		連結注記情報-関連当事者取引（金商法）	期末のみ
		X692		連結注記情報-関連当事者取引（会社法）	期末のみ
連結附属明細表		X700	■	連結附属明細表-借入金等明細表	期末のみ
		X701		連結附属明細表-借入金等明細表（返済スケジュール）	期末のみ
その他開示基礎資料		X800	■	従業員の状況	期末のみ
		X810	■	生産, 受注及び販売の状況	期末のみ
		X820	■	設備の状況	期末のみ
		X830	■	株式等の状況-所有者別状況	期末のみ
		X831	■	株式等の状況-大株主の状況	期末のみ
		X832	■	株式等の状況-議決権の状況	期末のみ
		X833	■	株式等の状況-役員の状況	期末のみ
		X900	■	連結 海外売上高	期末のみ
Y 連結CF計算書		Y100	■	連結CFリードシート	四半期ごと
		Y110		CF組替表	四半期ごと
		Y200		CF精算表	四半期ごと
		Y201		連結CF作成のための組替表	四半期ごと
CF作成基礎資料		Y300		連結CF増減明細（現金預金）	四半期ごと
		Y301		連結CF増減明細 （固定資産）	四半期ごと
		Y302		連結CF増減明細 （有価証券）	四半期ごと
		Y303		連結CF増減明細 （その他投資）	四半期ごと
		Y304		連結CF増減明細 （借入金）	四半期ごと
		Y305		連結CF増減明細 （貸付金）	四半期ごと

		Y306	連結CF増減明細（未払金）	四半期ごと				
		Y307	連結CF増減明細（未払法人税等）	四半期ごと				
		Y400	連結CF為替換算差額	四半期ごと				
Z	連結パッケージ	Z100	連結パッケージ（A社）	四半期ごと				
		Z101	連結パッケージ（B社）	四半期ごと				
		Z102	連結パッケージ（C社）	四半期ごと				
		Z103	連結パッケージ（D社）	四半期ごと				
		Z104	連結パッケージ（E社）	四半期ごと				
		Z105	連結パッケージ（F社）	四半期ごと				
		Z106	連結パッケージ（G社）	四半期ごと				

　多くの企業が，本来作成すべき資料を作成せず，網羅性に欠け，有用性の乏しい「使えない」資料を大量に作成している。そして大量の資料が共有フォルダ内でぐちゃぐちゃに保存している。そのため，1つの資料を探すのに何十分も要する。こんな無駄なことはない。
　アウトプット資料を作成する限り，開示の視点を持って，網羅性があり，有用性のあるものだけを作成し，誰が見てもわかるように保存すべ

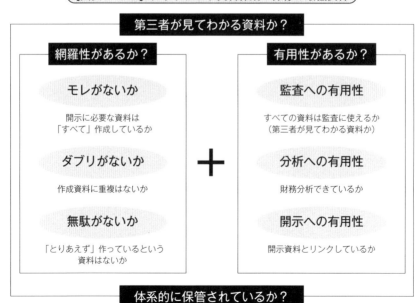

【図表4-12】アウトプット資料作成・保存の最低要件

きである。

　ここまで述べてきた5つの【原則】が「アウトプット資料作成・保存の最低要件」である。要件を充たさないアウトプット資料の作成をやめるだけで，決算業務はシンプルになり，標準化され，早期化されるはずである。

2 分析業務（財務分析の実施）

　「分析業務」とは，財務分析を実施する業務をいう。

　先述のとおり，単体試算表・連結精算表の作成が決算業務のゴールではない。決算業務の最終ゴールは最終成果物の提供・報告である。各利害関係者に価値ある情報を提供・報告するためには，単体試算表・連結精算表が締まった後に，経理部で財務分析を実施し，分析結果を言葉で説明できなければならない。それが後工程の「開示業務」につながる。

　分析業務を実施するにあたり，次の10個（＋補足1つ）を必ず守らなければならない。

【分析業務の原則1】
　　　分析業務の目的を知っておくこと
【分析業務の原則2】
　　　分析業務は経理部で実施すること
【分析業務の原則3】
　　　分析は「指標算出」ではなく，数値の動きを言葉で説明すること
【分析業務の原則4】
　　　性悪説的に見ること

【分析業務の原則５】
　　　分析もエビデンスベースであること
【分析業務の原則６】
　　　長期のトレンドを追うこと
【分析業務の原則７】
　　　リードシートを作成すること
【分析業務の原則８】
　　　森を見てから枝を見ること（マクロ的な視点を持つこと）
【分析業務の原則８－２（補足）】
　　　幹から根の奥深くまで掘り下げてみること（ミクロ的な視
　　　点を持つこと）
【分析業務の原則９】
　　　「分析＞突合」
【分析業務の原則10】
　　　勝手な重要性基準を設けないこと

【分析業務の原則１】 分析業務の目的を知っておくこと

　決算書は会社の健康診断書である，ともいわれる。健康診断を受診すれば健康になれるというものではなく，受診後の診断結果から(a)問題点を把握し，(b)その根本的な原因を分析し，(c)今後の改善策を練り，(d)改善を実行していく，ということが重要であることはいうまでもない。

　会社の決算業務もまったく同じである。財務会計的にいえば，各利害関係へのディスクロージャーのため，さらには，異常点を発見するために財務分析が必要となるが，管理会計的にいえば，会社の健康状態を向上させるため（換言すれば，企業価値向上のため）に財務分析を実施しなければならない。

　つまり，分析業務の目的は，以下の３つあるといえる。

第4章　経理部の決算業務とは　81

【財務分析の目的】
①　各利害関係者へ価値ある情報を提供・報告するため（ディスクロージャー目的）
②　財務諸表の適正性等を確かめるため（異常点発見目的）
③　財務上の健全性等を確かめるため（企業価値向上目的）

これら3つの分析業務を使い分けて実施する必要はない。分析業務を実施する際に，形式的に実施するのではなく，3つの目的を達成するために実施することを常に意識しておくべきである。

【分析業務の原則2】分析業務は経理部で実施すること

分析業務は，経理部以外の部署（経営企画部門など）が実施している企業も少なくない。また，監査法人が実施すべきと思っている企業も少なくない。しかし，**本来は数値を最も熟知している経理部が実施すべき業務である。**

分析業務は，決算業務の主たる業務（アウトプット業務，分析業務，開示業務）のうちの1つであるため，**決算スケジュール表に分析業務の工数，担当割をあらかじめ入れておく必要がある。**分析業務を事後的，形式的に実施している企業も少なくないが，単体試算表・連結精算表が締まったら，その日のうち（もしくは翌営業日までに）実施するような決算スケジュールをあらかじめ組んでおくべきである。

【分析業務の原則3】分析は「指標算出」ではなく，数値の動きを言葉で説明すること

財務分析とは何かというと，簡単にいえば「財務諸表上のあるデータとあるデータを比較・分析すること」である。「あるデータ」とは何か

というと，ほとんどの場合「今期の財務諸表上のデータ」と「過年度の財務諸表上のデータ」である。その両者の変動の原因を明らかにしていくことが財務分析である。

財務分析というと，ROA，ROE，ROIC，自己資本比率といった「指標」を算出することだと思っている人がいる。財務分析の書籍などを見ても，そのような指標の算出方法・計算式が多く載っている。しかし，財務分析は指標算出ではない。決算担当者はアナリストではないから，それらの指標を覚える必要はない。

決算担当者にとって必要なことは，「データを比較・分析」し，数値の動きを言葉で説明することである。例えば，前期10億円だった現金預金残高が，今期15億円だった場合，「残高が5億円増えた理由は何か？」を言葉で説明できることである。

財務諸表は複式簿記の原理により作成されている。したがって，ある勘定科目の残高等が前期と比較して5億円増減したら，理論上，別の勘定科目の残高等が5億円増減しているはずである。つまり，原則として，すべての勘定科目の変動は言葉で説明できるはずである。ということは，ここで変動が言葉で説明できない場合，そこには不正か誤謬があると疑ったほうがよい。

前期10億円だった現金預金残高が，今期15億円だった場合，その理由としていくつかの仮説を立てることができる。売上高が増加したからかもしれないし，営業債権を早めに回収したからかもしれない。新規借入を行ったからかもしれなし，貸付金を回収したからかもしれないし，何か資産を売却・換金したのかもしれない。

財務分析を実施する決算担当者は，その考えうる仮説を立て，それらに対して事実（エビデンス）を収集し，その仮説を検証する。1つの仮説が間違えていたら，また別の仮説を検証し，その仮説も間違えていた

ら，また別の仮説を検証する。そうやって，絶え間ない仮説と検証を繰り返えし，変動理由を「合理的」に説明ができるレベルまで調査しなければならない。

「合理的」とは，分析者が仮説と検証を繰り返した結果，結論として納得感が得られたというレベルであり，また，経営者や投資家などから変動理由を問われたときに，彼らに胸を張って説明できるレベルと思ってもらえればよい。決して，「絶対的」な事実関係を調査・分析することが目的ではない。現金預金の変動理由を分析するにあたり，キャッシュ・フロー計算書を作り始める人がいるが，仮説に対する検証とはそういうことではない。「合理的」といえる納得感が得られたら，最後にその変動理由をドキュメントする。決算担当者に必要な財務分析はこの程度である。

なお，財務分析を実施していても，その分析結果をドキュメントしている会社は極めて少ない。ドキュメントしなければ，分析者本人しか変動理由がわからない（分析者本人もいずれ忘れる）。簡潔に箇条書きで記載しておくだけで十分なので，必ずドキュメントをする必要がある

【図表4－13】財務分析とは

| 過年度のデータ | 変動要因 | 当期のデータ |

「何かおかしい」との懐疑心・違和感

↓

「なぜ」「どうして」に対する仮説と検証の繰り返し

↓

「合理的」と判断する納得感

↓

結論のドキュメント

84

（記載例は，P.90の【図表4-16】参照）。分析結果をドキュメントするだけで，各利害関係者の情報提供の質は上がり，会計監査の工数も削減できる。

【分析業務の原則4】 性悪説的に見ること

【分析業務の原則1】で述べたとおり，財務分析の目的の1つは異常点を発見することである。経理部の日常業務の1つである「チェック業務」も異常点を発見することが目的であったが（P.37【チェック業務の原則4】参照），決算業務でも「分析業務」を通して異常点を発見する。

そのため，財務分析を実施する際も，チェック業務と同様に性悪説的にみることが重要となる。

「今期の財務諸表上のデータ」と「過年度の財務諸表上のデータ」を比較すると，それほど数値に変動がないはずの科目が大きく変動していたり，逆に変動すべき科目に変動がなかったりすることもあるだろう。その時に，「ウチの会社に不正やミスなんてあるわけないじゃないか！」という性善説的なモノの見方をすると，もうそこで分析業務は終わってしまう。

データを比較した際に，変動があったり，変動がなかったりしたことに対して，「何かおかしいのでは？」という懐疑心や違和感を持たなければならない。その懐疑心や違和感に対して，「なぜ？」「どうして？」という疑問を持ち，考えうる「仮説」を立て，それらに対して事実（エビデンス）を収集する。

一番やってはいけないのは，懐疑心や違和感を持ったのに「見て見ぬふり」をしたり，仮説・検証の段階で「まっ，いいか」で終わらせたりすることである。上場企業経理部で実施している財務分析でも，このレベルで終わっているものが非常に多い。だから，異常点を発見することができず，不正会計が跡を絶たないのである。

【分析業務の原則5】分析もエビデンスベースであること

　先述のとおり，財務分析は，仮説に対して事実（エビデンス）を収集しなければならない。日常業務の1つである「チェック業務」と同様，財務分析も「エビデンスベース」が原則である（P.36【チェック業務の原則2】参照）。

　分析業務を実施している上場企業経理部においても，「売掛金が増えたのは，売上高が増えたから」「売上高が増えたのは，高い営業目標を掲げたから」「棚卸資産が増えたのは，来期の販売拡大に備えるため」といった分析結果のドキュメントをしていることが多い。しかし，これらは「仮説」の域を超えておらず，事実（エビデンス）を収集して，その変動が「合理的」と判断したわけではないことは誰が見ても明らかである。「検証」をまったく行っていないのである。

　「仮説」に対する「検証」は行っているものの，「検証」が甘すぎるケースも多い。これには，3つのパータンがある。1つは，断片的な情報だけをもとに「合理的」と結論を下しているもの。2つ目は，自分の知っている情報を他の情報より優先的に適用して「合理的」と結論を下しているもの。最後の3つ目は，自分の中にある固定観念を当てはめて状況を解釈し「合理的」と結論を下しているものである。

　「エビデンスベース」であるということは，仮説や解釈ではなく，事実をドキュメントしなければならない。「売掛金が増えたのは，売上高が増えたから」ではなく，「売掛金120百円増加の主たる要因は，今期末から販売開始した新商品Aの売上高増加に伴うものであり，それに伴う期末の売掛金の増加の影響は115百万円である。よって今期末の売掛金の増加は合理的と判断する」というレベルのドキュメントができるくらいに事実を収集すべきである。

【分析業務の原則6】 長期のトレンドを追うこと

　財務分析は，「今期の財務諸表上のデータ」と「過年度の財務諸表上のデータ」を比較するところからスタートする。ということは，アウトプット資料が過年度のデータと比較できるものを作成しなければならない。

　しかし，上場企業においても，単年度の残高・損益しか載っていない勘定科目明細しか作成していない企業が非常に多い。例えば，【図表4-14】のような明細である。しかし，このような単年度の残高・損益しか載っていない明細は，いったい何の目的で作成するのだろうか。残高・損益がわかるということ以外に，何か有用性はあるのだろうか。はっきりいって有用性はまったくない。私は，作成するだけ無駄であると思っている。

　アウトプット資料は，後工程の「分析業務」「開示業務」に役立つものでなければならないわけであるから，作成する限り，単体試算表・連結精算表，勘定科目明細，開示基礎資料を含むすべての資料を過年度と比較できるものにしなければならない。

　例えば，試算表であれば，【図表4-15】のような長期のトレンドを追えるエクセルで作成する（単体B/S，単体P/L，単体C/F，連結B/S，連結P/L，連結C/Fの最低6シートを作成する）。基本的に，会計システムから出力したデータや連結精算表のデータを時系列に並べるだけであるから作成に時間はかからない。組替作業を行わなくてよいように，試算表などのデータをそのままコピペして作成する。

　【図表4-15】は紙面の関係で5四半期のデータを並べているが，実務上は最低でも8〜12四半期のデータを並べて欲しい（年次ベースで作成する場合は，最低でも3〜5年のデータを並べて欲しい）。12四半期程度であれば，A4サイズ（横向き）で出力しても1枚に収まる。

第4章　経理部の決算業務とは　　87

　分析業務を実施している上場企業でも，前期（末）と当期（末）の2期比較分析しか実施していない企業が多い。監査法人でも，2期比較しかしていない法人がある。おそらく，有報や短信が2期比較で開示するため，アウトプット資料も2期比較形式で作成しているのだろう。

　しかし，開示物が2期比較だからといって，アウトプット資料を2期比較にそろえる必要はない。2期比較分析だと「異常値に対する正常値」「正常値に対する異常値」がわかりづらい。そのため，異常点の検出が難しく，財務分析の精度は下がる。繰り返すが，長期のトレンドを追わなければならない。

　なお，【図表4-15】のような分析シートを「月次」で作成してもよいが，その場合は月次比較用（管理会計用）と四半期比較用（財務会計用，監査用）の2シートを作成したほうがよい。

　【図表4-15】のような試算表レベルの変動分析シートを作成すれば，それを勘定科目レベルに分解した【図表4-16】のような勘定科目ベースの変動分析シート（これを「リードシート」という）を作成する。「リードシート」については，次の【分析業務の原則7】で述べる。

【図表4−14】よくある勘定科目明細

株式会社ABC

現金預金明細

現金
20X0年3月31日

取引先（コード）	取引先（名称）		期末残高
001	本社		550,834
002	関西支店		320,748
003	九州支店		258,517
		合計	1,130,099

当座預金
20X0年3月31日

取引先（コード）	取引先（名称）		期末残高
100	A銀行/本店		50,155,000
101	A銀行/本店		23,476,494
102	A銀行/本店		6,462,335
		合計	80,093,829

普通預金
20X0年3月31日

取引先（コード）	取引先（名称）		期末残高
200	A銀行/本店		139,005,930
201	A銀行/品川支店		307,374
202	A銀行/品川支店		5,338,140
205	A銀行/渋谷支店		2,609,942
206	A銀行/渋谷支店		8,970,047
207	A銀行/渋谷支店		67,704,943
210	B銀行/丸の内支店		69,426,087
211	B銀行/丸の内支店		7,870,992
213	B銀行/神保町支店		99,307,907
215	B銀行/表参道支店		41,633,847
220	C銀行/本店		2,016,539
230	D銀行/六本木支店		39,112,966
240	E銀行/銀座支店		3,992,405
242	E銀行/新橋支店		446,472
243	郵便局/ぱるる		1,785
		合計	487,745,376

第４章　経理部の決算業務とは　　89

【図表４−15】単体試算表ベース変動分析シート

株式会社ABC

単体B/S 四半期変動分析

（単位：円）

	Ref#	20X0/03	20X0/06	20X0/09	20X0/12	20X0/03
現金	<Cシリーズ>	2,226,796	1,351,373	2,141,273	2,186,596	1,130,099
当座預金	<Cシリーズ>	64,837,627	89,174,336	72,629,773	69,408,764	80,093,829
普通預金	<Cシリーズ>	313,687,484	369,606,405	410,615,517	460,705,528	487,745,376
受取手形	<Dシリーズ>	3,900,000	6,000,000	8,000,000	4,500,000	5,360,000
売掛金	<Dシリーズ>	7,890,910,203	8,201,002,033	6,998,711,245	7,833,234,578	8,098,473,847
商品	<Eシリーズ>	100,190,290	76,292,178	68,399,997	68,582,788	60,993,939
貯蔵品	<Eシリーズ>	1,092,801	1,074,820	1,055,910	1,957,892	2,004,500
未収入金	<Eシリーズ>	59,098,102	30,000,092	31,279,966	32,378,867	41,627,780
前渡金	<Eシリーズ>	0	283,974	154,133	482,030	112,199
前払費用	<Eシリーズ>	7,438,622	5,517,642	8,397,513	4,498,792	5,738,990
仮払金	<Eシリーズ>	890,910	599,910	0	0	35,000
立替金	<Eシリーズ>	39,090,104	19,991,904	27,831,009	36,749,929	45,878,291
預け金	<Eシリーズ>	1,900,000	400,000	9,305,000	9,305,000	2,390,000
	流動資産合計	8,485,262,939	8,801,294,667	7,638,521,336	8,523,990,764	8,831,583,850
建物	<Gシリーズ>	533,323,242	503,490,910	448,476,722	424,244,602	406,019,240
構築物	<Gシリーズ>	197,529,089	192,286,428	187,043,988	128,521,857	125,387,857
機械装置	<Gシリーズ>	38,962,811	24,172,888	19,788,335	19,976,205	19,179,376
車両運搬具	<Gシリーズ>	6,091,016	5,839,826	5,589,825	5,346,696	6,921,847
工具器具備品	<Gシリーズ>	55,653,281	33,627,281	70,563,495	65,673,375	81,794,254
土地	<Gシリーズ>	563,000,000	563,000,000	563,000,000	563,000,000	563,000,000
建設仮勘定	<Gシリーズ>	0	0	0	0	450,000
	有形固定資産合計	1,394,559,439	1,322,417,333	1,294,462,365	1,206,762,735	1,202,752,574
特許権	<Iシリーズ>	10,586,363	10,208,283	9,830,203	9,452,123	9,074,043
ソフトウェア	<Iシリーズ>	125,308,924	166,133,148	145,968,472	151,137,129	113,305,786
商標権	<Iシリーズ>	7,528,831	7,242,019	6,955,207	6,668,395	6,381,583
著作権	<Iシリーズ>	4,689,020	4,689,020	4,689,020	4,689,020	4,689,020
電話加入権	<Iシリーズ>	32,800	32,800	32,800	32,800	32,800
	無形固定資産合計	148,145,938	188,305,270	167,475,702	171,979,467	133,483,232
長期前払費用	<Lシリーズ>	48,590,000	46,140,000	43,690,000	41,240,000	38,790,000
敷金	<Lシリーズ>	186,700,000	186,700,000	186,700,000	186,700,000	186,700,000
差入保証金	<Lシリーズ>	143,500,000	143,500,000	143,500,000	143,500,000	143,500,000
保険積立金	<Lシリーズ>	20,000,000	20,000,000	20,000,000	20,000,000	20,000,000
破産更生債権	<Lシリーズ>	8,252,991	8,112,991	4,590,991	5,252,992	5,252,992
	その他投資合計	407,042,991	404,452,991	398,480,991	396,692,992	394,242,992
	固定資産合計	1,949,748,368	1,915,175,594	1,860,419,058	1,775,435,194	1,730,478,798

【変動分析】
20X0/03
（省略）
20X0/06
（省略）
20X0/09
（省略）
20X0/09
（省略）
20X1/03
（省略）

株式会社ABC

現金預金 Lead Sheet

（単位：円）

	20X9/03	20X9/06	20X9/09	20X9/12	20X0/03	20X0/06	20X0/09	20X0/12	20X1/03
1000現金	2,900,290	1,395,991	1,381,357	1,945,921	2,226,796	1,351,373	2,141,273	2,186,596	1,130,099
1100当座預金	68,391,240	55,900,100	60,259,441	55,402,591	64,837,627	89,174,336	72,629,773	69,408,764	80,093,829
1200普通預金	260,283,191	252,927,582	333,048,801	290,401,234	313,687,484	369,606,405	410,615,517	460,705,528	487,745,376
現金預金 合計	331,574,721	310,223,673	394,689,599	347,749,746	380,751,907	460,132,114	485,386,563	532,300,888	568,969,304

<注記情報：現金及び現金同等物の期末残高>

	20X9/03	20X9/06	20X9/09	20X9/12	20X0/03	20X0/06	20X0/09	20X0/12	20X1/03
現金及び預金	331,574,721	310,223,673	394,689,599	347,749,746	380,751,907	460,132,114	485,386,563	532,300,888	568,969,304
有価証券	0	0	0	0	0	0	0	0	0
計	331,574,721	310,223,673	394,689,599	347,749,746	380,751,907	460,132,114	485,386,563	532,300,888	568,969,304
預入期間3か月超の定期預金	0	0	0	0	0	0	0	0	0
現金及び現金同等物	331,574,721	310,223,673	394,689,599	347,749,746	380,751,907	460,132,114	485,386,563	532,300,888	568,969,304

<変動分析>

20X1/12
20X1/12に×銀行より50,000,000円の借入をしたことにより、普通預金残高が増加した。
20X1/03
20X1/12に投入した新製品Aの販売が好調につき、普通預金残高が増加した。

【分析業務の原則7】リードシートを作成すること

　試算表ベース変動分析シートを作成したら，次に勘定科目ベースの変動分析シートである「リードシート」を作成しなければならない。

　リードシートとは，財務分析を可能とするため期間の財務データを時系列に並べたシートであり，各勘定科目明細の頭紙（Lead Sheet）と位置付けられるものである（【図表4−16】）。試算表ベースの変動分析シートをブレイクダウンしたものがリードシートであり，リードシートをブレイクダウンしたものが各勘定科目明細となるという位置付けである（【図表4−17】）。

【図表4−17】リードシートの位置付け

（※「Bシリーズ」「Cシリーズ」…はリファレンスナンバー（【図表4−8】（P.71）参照）。
　各シリーズで1枚のリードシートを作成する）

これまで何度も述べているとおり，アウトプット資料は，後工程の「分析業務」「開示業務」に役立つものでなければならないわけであるから，単年度の残高・損益が載っているだけの明細をどれだけ作成しても，何の有用性もない。すべてのアウトプット資料は過年度と比較できるものにしなければならない。単体試算表・連結精算表の数期間の数値をエクセルで時系列に並べたり，勘定科目明細も時系列に並べたりすることによりアウトプット資料の有用性は高まる。ただ，試算表ベースの変動分析シートで「森」を見ることはできるし，勘定科目明細で「枝」を見ることができるが，「森」を見ただけでは細かい部分が見えないし，「枝」を見ただけでは全体像が見えない。「幹」の部分の動きを見るためのツールがリードシートである。

あらゆるアウトプット資料の中で，「監査への有用性」「開示への有用性」が最も高いものは，このリードシートである。リードシートを作成していない企業は多いが，必ず整備すべきものである。

リードシートを作成する際は，以下の6つを守らなければならない。

ルール① 試算表と同じ勘定科目体系にする（勘定科目の集約・分解はせず，コピペで作成できるようにする）

ルール② すべての勘定科目をいずれかのリードシートに収納する

ルール③ 必ず円単位で作成する（千円単位，百万円単位で作成しない）

ルール④ 四半期ごとに作成する（月次で作成する場合はシートを2枚に分ける）

ルール⑤ 最低でも8～12四半期のデータを並べる（2期比較はNG）

ルール⑥ 変動分析を行い，分析結果をドキュメントする（異常な変動がない場合は「異常な変動なし」とドキュメントする）

第4章　経理部の決算業務とは　　93

リードシートを導入することにより，以下のような効果が得られる。

効果①　アウトプット資料の有用性（監査への有用性，開示への有用性）が高まる

効果②　アウトプット資料の整備・運用を体系化することができる

効果③　アウトプット資料を「縦割り」ではなく「横串」で整備することができる

　リードシートは，まずは単体決算のみ導入して欲しい。連結決算については余力が出てからで構わない。リードシートは，上述のとおり，試算表と勘定科目体系で作成することがルールであるから，試算表データからコピペで作成できる。事前にテンプレートを作成していれば，決算時に1枚のリードシートを作成するのに5分もかからない（もちろん分析業務にはある程度時間を要する）。事前準備が重要である。

【分析業務の原則8】森を見てから枝を見ること（マクロ的な視点を持つこと）

　【分析業務の原則3】で述べたとおり，財務諸表は複式簿記の原理により作成されているため，ある勘定科目の数値が増減したら，理論上，別の勘定科目で同額が増減しているはずである。1つの勘定科目だけが変動するということはない。一般的に，B/S，P/L，C/Fが複合的に動く。ということは，財務分析をする際に，1つの勘定科目だけを眺めていても，何もわからないことのほうが多い。

　精度の高い財務分析を実施するためには，(a)まずは1つの勘定科目の変動のみを見るのではなく，B/S，P/L，C/Fの財務3表の動きを見なければならない。つまり，「枝」を見るのではなく，「森」を見なければ

ならない（そのため，【図表4－15】のような試算表レベルの変動分析シートは全経理部員で真っ先に共有しておくべきである）。もし，自分が売掛金の分析業務を担当したのであれば，売掛金の過年度との変動だけを見るのではなく，P/L上の売上高や，C/F上の売掛金の増減額などと整合しているか，違和感がないかを検証しなければならない。もし，自分が税金関連科目の分析業務を担当したのであれば，P/L上の整合性を見るだけではなく，B/S（未払法人税等など）や，C/F（法人等の支払額など）との整合性も見なければならない。

　さらに精度の高い財務分析を実施するためには，(b)次に会社の動き（事業活動や事業モデル）についても見なければならない。財務3表は，会社の事業活動の結果（事象）を数値に置き換えたものである。つまり，どのような事業活動があったから資産・負債・収益・費用等が動いたのか，どのような事業モデルだから資産・負債・収益・費用等が動いたのか，という視点が必要になる。

　会社の事業活動や事業モデルを詳しく見ようと思うと，(c)さらに業界の動き（競合他社の動き）についても見なければならない場合もある。自社の事業活動は，業界のトレンドに影響されることがあるからだ。特に，新たな事象が生じたり，これまで継続していた事象に変化があったり，といった事象の連続性や製品ライフサイクルに変化が見られるときは，自社の動きだけを分析しても「仮説」に対する十分な解が得られない可能性がある。

　業界の動きを詳しく見ようと思うと，(d)社会・経済の動きについても見なければならない場合もある。自社の事業活動は，業界の枠を超え，世界経済，日本経済の影響を受ける。財務3表の動きは，内的環境の変化より，外的環境の変化により大きな影響を受ける。当然に，経理部員も社会・経済の動きを見なければならない。

このように，精度の高い財務分析を実施しようと思うと，(a)財務3表の動き，(b)会社の動き，(c)業界の動き，(d)社会・経済の動き，という「森を見る視点」（マクロ的な視点）が必要となる。経理部の全担当者がこのような視点を持って財務分析を実施すれば，相当レベルの高い分析結果が得らえるはずである。

【図表4－18】財務分析の視点

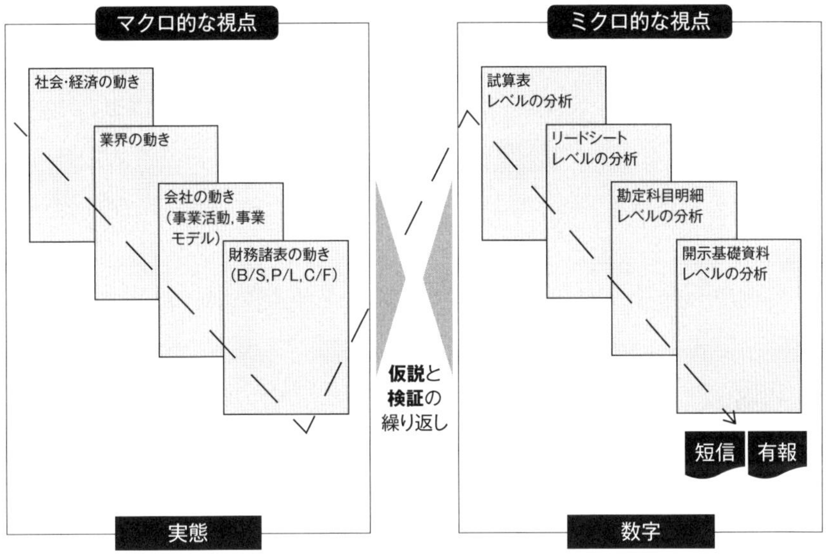

マクロ的な視点
- 社会・経済の動き
- 業界の動き
- 会社の動き（事業活動，事業モデル）
- 財務諸表の動き（B/S,P/L,C/F）

実態

仮説と**検証**の繰り返し

ミクロ的な視点
- 試算表レベルの分析
- リードシートレベルの分析
- 勘定科目明細レベルの分析
- 開示基礎資料レベルの分析

短信　有報

数字

【分析業務の原則8－2（補足）】幹から根の奥深くまで掘り下げてみること（ミクロ的な視点を持つこと）

P.81で「財務分析の目的」は3つあると述べた。ディスクロージャー目的や企業価値向上目的のための財務分析を実施する場合は，上述のように「森を見てから枝を見る」というマクロ的な視点による財務分析が有効である。

しかし，異常点発見目的のための財務分析を実施する場合は，逆に

根っこの奥深くまで掘り下げていくミクロ的な視点が必要となる。

　(a)まずは財務諸表全体の動きを見なければならない点は同じである（ここでは，財務諸表全体の動きを見ることを「試算表ベースの財務分析」という）。そこで例えば，「売掛金が増えた」ということに懐疑心・違和感を持ったのであれば，(b)「リードシートレベルの分析」へと掘り下げていき，売掛金の長期的な残高の推移を分析する。「リードシートレベルの分析」では懐疑心・違和感に対する納得感が得られなければ，(c)「勘定科目明細レベルの分析」へと深掘りしていき，どこの得意先への売掛金が増えたのかを調べ，その得意先と実際にどういう取引を行ったのか，取引の実在性は問題ないのか，当期の取引として処理して問題はないのか，といった「実態」に迫っていく必要がある。その際に，深掘りすることばかりを意識しすぎて，B/S，P/L，C/Fの財務3表を関連付けて見ることを忘れてはならない。

　不正会計が行われる場合，売上高や利益の水増しが行われることが多い。つまり，P/Lの水増しが行われる。上述のとおり，ある仕訳が起こされると，一般的に，B/S，P/L，C/Fが複合的に連動する。そのため，売上高や利益の水増しが行われると，その膿の塊はB/S（主に資産）に計上される（簿外負債となる場合など一部の例外もある）。架空売上が計上された場合は，相手勘定として売掛金などのB/S上の資産項目が大きく変動することがあるし，循環取引が行われた場合は，B/S上の棚卸資産が大きく変動するだけではなく，（P/Lが黒字なのに）C/F上の営業キャッシュ・フローが大きく減少する（もしくはマイナスになる）ことがある。財務3表を関連付けて見ることにより，不正会計を発見できる可能性は高まる。

　異常点発見のための財務分析において重要なのは，(d)「開示基礎資料レベルの分析」である。財務諸表上の勘定科目の残高や損益に対する懐疑心・違和感がなくても，最終成果物である有価証券報告書や決算短信

に異常点がないことを分析（検証）しなければならない（なぜ分析による検証を行わなければならないのかは【分析業務の原則9】（P.98）で後述する）。

　(a)〜(c)は主に会計処理面における異常点発見のための財務分析であり，(d)は主に財務諸表の表示面における異常点発見のための財務分析である。両者は若干性質が異なるが，両者を使い分ける必要性はない。異常点発見目的のための財務分析を徹底的に実施しようと思うと，(a)試算表レベルの財務分析，(b)リードシートレベルの財務分析，(c)勘定科目明細レベルの財務分析，(d)開示基礎資料レベルの財務分析，という4段階の財務分析が必要となる。

　このように，財務分析をする際は，「森を見てから枝を見る」というマクロ的な視点と，逆に根っこの奥深くまで掘り下げていくミクロ的な視点の両方を持つ必要がある。常に，全体から部分，部分から全体を見るのである。マクロ的な視点を持って事業の「実態」に迫り，ミクロ的な視点で「数字」を検証し，「実態」と「数字」の違和感をなくしていく。「実態」から「数値」の仮説を立ててみたり，「数値」から「実態」の仮説を立ててみたりしながら，「合理的」と納得感が得られるまで，仮説と検証を繰り返すのである（【図表4−18】参照）。

　会社，事業，人の動きを見なければ，実際にどのような取引がなされているか見えてこないこともある。時には現場に足を運んで事実（エビデンス）の収集を行う必要もあるだろう。しかし，多くの場合，「実態」と「数字」に対する好奇心や関心があれば，見えないものも見えてくる。財務分析は，初めのうちは時間がかかる作業になるかもしれないが，1年間（年4回，もしくは年12回）きちんと実施すれば，ベテラン公認会計士並みの精度の高い財務分析が実施できるはずである。

なお,「異常点発見は監査法人がやる仕事だ」と思っている方がいたら大間違いである。チェックは監査法人に丸投げという考えでいるから,会計処理や表示の誤りやミスが跡を絶たず,監査法人からの質問や,修正依頼・指摘事項が減らず,決算や監査の工数が増えるのである。そのような状況で決算の効率化や早期化ができるはずがない。異常点発見を含む分析業務は,決算の主たる業務の1つであることを忘れてはならない。

【分析業務の原則2】(P.81)で述べたとおり,単体試算表・連結精算表が締まったら,その日のうちに(もしくは翌営業日までに)分析業務を実施するような決算スケジュール表をあらかじめ作成しておくべきである。会計監査(期末監査)の開始前に,異常点発見目的のための財務分析も,ディスクロージャー目的のための財務分析もきちんと実施し,分析結果をドキュメントしておくべきである。本来,企業側で「セルフ監査」を行ったうえで,監査法人の監査を受けなければならない。それがきちんとできていれば,監査法人からの質問や,修正依頼・指摘事項はほとんどないはずである。監査法人からの質問攻めに遭っている企業は,「セルフ監査」ができていないはずである。

【分析業務の原則9】「分析>突合」

財務諸表の適正性等を検証する方法は,究極的には以下の2つが考えられる。

---

① 伝票1枚1枚の正確性を検証し,すべての伝票が正しいことをもって,全体の決算書が正しいことを確かめる方法
② 財務分析を徹底して行い,異常な変動がないことを確かめることによって,全体の決算書が正しいことを確かめる方法

つまり，①「突合」（帳票等とそのエビデンスを突き合わせること）による方法と，②「分析」による方法がある。

そして，どちらの方法が高い精度で財務諸表の適正性等を検証できるかといえば，「分析」による方法である。つまり，「分析＞突合」なのである。だから会計監査は，①の方法ではなく，②の方法を採用している。ざっくりいえば，「森を見る視点」（マクロ的な視点）で全体として違和感がないことを（主に財務分析を通して）検証し，さらにミクロ的な視点で異常点がないことを（主に財務分析を通して）検証している。そして，全勘定科目の残高・損益・変動に違和感・異常点がないことをもって財務諸表が適正であるという判断をしている。

会計監査が①の方法を採用しないのは，すべての伝票を1枚1枚突合することの時間的な限界があるだけでなく，どれだけ慎重かつ丁寧に検証を行っても伝票や帳票等に網羅性が確保されていなければ（例えば，簿外処理されているものがあれば），たちまち全体の正確性が確保されなくなるからである。つまり，①の方法より②の方法のほうが監査の精度は上がる。

これは，最終成果物である有価証券報告書や決算短信などの表示の妥当性などの検証についても同様である。

多くの上場企業が，最終成果物の表示チェックをする際に，最終成果物と開示基礎資料との「突合」（赤ペンチェック）を行っている。しかし，これも開示基礎資料に網羅性が確保されていなかったり，開示基礎資料に誤りがあったりした場合，チェック自体が意味をなさなくなる。③「開示業務」（P.101〜）において後述するが，現状では開示基礎資料をきちんと作成できていない企業は多い。それなのに，最終成果物の表示チェックをする際に「突合」しか行っていないのは，開示リスクを高めているといわざるを得ない。

どれだけ「突合」しても異常点の発見や表示の妥当性などの検証には限界があるということは覚えておいて欲しい。「分析」すればその異常点に気付くことができる。つまり，分析の精度は，突合を超える。「分析＞突合」なのである。「突合」よりも「分析」を重視しなければならない。

【分析業務の原則10】 勝手な重要性基準を設けないこと

　経理部内で「前月比○％以上の変動があるもの」（増減率基準）や，「前期比○百万円以上の変動があるもの」（増減額基準）のみを分析すればよいというルールを設けている企業が少なくない。分析業務の効率化のためにこのようなルールを設けているのだと思われるが，これは絶対にやってはいけない。

　「前月比○％以上の変動があるもの」のみ分析すればよいというルールを設けると，期末残高が大きく金額的重要性が高いものであっても，増減率は小さければ変動分析を無視する経理部員が現れる。逆に，期末残高が小さく金額的重要性が乏しいものにもかかわらず，変動率が大きいことをもって一生懸命に分析を実施する経理部員が現れる。

　「前期比○百万円以上の変動があるもの」のみを分析すればよいというルールを設けると，期末残高が大きく金額的重要性が高いものであっても，増減額は小さければ変動分析を無視する経理部員が現れる（そもそも，期末残高が大きいものは金額的重要性が高い，ということすら無視する経理部員が現れる）。増減額が小さくても，回収不能・回収遅延のものはないか，マイナス残高のものはないか，長年取引があったのに突然残高がゼロになったものはなぜか，これまで取引がなかったのに突然新規計上されたものはなぜか，といった点も無視すべきではない。

　増減率や増減額が小さいことが「異常」であるケースもある。増減率基準や増減額基準を設定すると，分析担当者の視野・視点を狭めてしま

うことになり，財務分析の精度を著しく落とすことになる。【分析業務の原則8】でも述べたとおり，財務分析をする際は，マクロ的な視点とミクロ的な視点（大局的な視点）を持って実施しなければならない。

3 開示業務（開示資料作成）

「開示業務」とは，各利害関係者に情報を提供・報告する業務である。開示業務を実施するには，次の3つを必ず守らなければならない。

【開示業務の原則1】
　　最終成果物を理解すること
【開示業務の原則2】
　　ゴールから逆算して考えること
【開示業務の原則3】
　　資料は「縦割り」ではなく「横串」で作ること

【開示業務の原則1】最終成果物を理解すること

　第1章の冒頭でも述べたとおり，上場企業の決算担当者ですら自社の最終成果物を見ていない人が少なくないことに驚かされる。経理部とは最終成果物を作成し，提供・報告するために存在するのであるから，決算担当者ではなくても，経理部員であれば自社の最終成果物はすべて知っておくべきであり，その内容についても理解しておくべきである（社内研修の実施などにより全経理部員に説明・解説すべきであろう）。

　経理部員が知っておくべき最終成果物は，法律，規則などにより作成・開示が求められるもののみならず，経理部が任意で作成するものも含む（企業によっては経理部以外の部署で作成しているものがあるかも

しれないが，そのようなものも経理部員は知っておくべきである）。また，財務会計に関するもののみならず，管理会計に関する資料も含むし，財務情報のみならず，非財務情報に関する開示書類も含む。最終成果物を網羅的に理解しておく必要がある。

【図表4－19】最終成果物（例）

	法律，規則などにより作成・開示が求められるもの	任意で作成するもの
財務情報	・有価証券報告書（金商法） ・決算短信（取引所規則） ・計算書類・事業報告等（会社法） ・納税申告書（税法）	・管理会計資料 ・取締役会資料 ・決算説明会資料 ・アニュアルレポート ・統合報告書
非財務情報	・内部統制報告書（金商法） ・コーポレート・ガバナンス報告書（取引所規則）	・統合報告書（財務情報を含む） ・CSR報告書／サステナビリティ報告書 ・情報セキュリティ報告書

なお，最終成果物を理解するのみならず，自社が各利害関係者に対して，どのような方法で情報を提供・報告するのかも知っておくべきである。経理部は，報告書以外による情報提供・報告への準備もしなければならない。

【図表4－20】大和ハウスグループの情報提供・報告方法

	対話	報告書	WEB
財務情報	・決算発表 ・経営説明会 ・現場見学会 ・アナリスト／機関投資家向け電話カンファレンス ・株主総会	・有価証券報告書 ・事業報告書	・IR情報
非財務情報	・有識者ダイアログ ・ステークホルダーミーティング	統合報告書 ・サステナビリティレポート ・コーポレート・ガバナンスに関する報告書	・CSR経営の基盤 ・環境への取り組み ・社会との取り組み

（連携）

［出処］「大和ハウスグループ統合報告書2019」をもとに作成

【開示業務の原則2】ゴールから逆算して考えること

　P.65で述べたとおり，開示基礎資料と最終成果物は「一対一」の対応をしていなければならない。しかし，現状では，開示基礎資料が網羅的（モレなく，ダブりなく，無駄なく）に作成されていないか，作成されていたとしても最終成果物と「一対一」の対応になっていないことが多い。それは，最終成果物を網羅的に理解していないか，注記項目・注記事項を十分に理解していないことによる。ゴールを理解していないということは，過去問の傾向と対策も知らずに受験勉強を始めるようなものであり，これではいつまで経っても非効率な実務を繰り返すことになる。

　注記担当者（開示基礎資料作成者）は，必ず自社の最終成果物を先に理解しておかなければならない。そして，**開示基礎資料はゴールから逆算して作成しなければならない**。この「ゴール逆算思考」がなければ，決算も開示も監査も早期化・標準化されることはない。

【図表 4 −21】最終成果物から逆算してどのような開示基礎資料を作成すべきか

　自社の最終成果物や開示項目を理解するために，【図表 4 −22】のような「開示マッピングシート」を作成すべきである。これは，有報，短信，事業報告の目次を列挙したものであるが，他の成果物（管理会計資料等）についても可能な限りこの 1 枚のシートに盛り込むことが望ましい。そうすることによって，開示事項に重複が多いことがわかる。重複しているものについては，開示基礎資料を「有報用」「短信用」…と分けて作成する必要はない。「ゴール逆算思考」により，1 種の注記に対して，1 つの開示基礎資料を作成する。

　そして，作成したシートのファイル名（もしくはシート名，リファレンスナンバー）を「開示マッピングシート」の右端の列に記載しておく。

　そうすることによって，経理部員が最終成果物や開示項目を理解できるだけでなく，開示基礎資料の漏れ・ダブりを防ぐこともでき，決算の効率化・早期化にもつながる。

【図表4-22】「開示マッピングシート」

有価証券報告書の項目・内容		決算短信	事業報告書	区分	ファイル収納場所（ファイル名のシート名）
第1【企業の概要】			1.【企業集団の状況】		
1【主要な経営指標等の推移】			1.(2)【財産および損益の状況】	B	B120_開示用財務指標データ（単体）
2【沿革】	（定性的情報）			—	
3【事業の内容】	（定性的情報）		1.(5)【主要な事業内容】（定性的情報）	—	
4【関係会社の状況】	資本金、議決権割合等	[企業集団等の概況]（定性的情報）		X連結	X140_連結グループ一覧
5【従業員の状況】	従業員数（セグメント別）、平均年齢、平均勤続年数等		1.(6)【主要な営業所】	—	
			1.(7)【使用人の状況】	X連結	X150_連結従業員数
第2【事業の状況】					
1【経営方針、経営環境…】	（定性的情報）	[経営成績等の概況、CF関連指標、業績予想]	1.(1)【事業の状況】	B	B110_単体試算表 変動分析シート
2【事業等のリスク】	（定性的情報）			—	
3【財政状態、経営成績…の分析】			1.(4)【対処すべき課題】（定性的情報）	B	B110_単体試算表 変動分析シート
5【研究開発活動】	研究開発費の金額		1.(8)【主要な借入先の状況】	N借入	N_借入金
第3【設備の状況】					
1【設備投資等の概要】	設備投資額			G有形	G_有形固定資産
2【主要な設備の状況】	帳簿価額、従業員数、賃借物件の賃料・従業員数			G有形	G_有形固定資産
3【設備の新設、除却等の計画】	（定性的情報）			G有固	G_新固定資産
第4【提出会社の状況】			2.【会社の現況】		
1【株式等の状況】	(1)株式の総数、発行済株式数		(1)株式の状況	S純資産	S_純資産
	(2)新株予約権の状況		(1)新株予約権の状況	S純資産	S_純資産
	(4)発行済株式総数、資本金等の推移			S純資産	S_純資産
	(5)所有者別状況			S純資産	S_純資産
	(6)大株主等の状況		(1)(4)大株主	S純資産	S_純資産
	(7)議決権の状況（発行済株式数、自己株式数）			S純資産	S_純資産
2【自己株式の取得等の状況】	(4)保有自己株式の処理状況及び保有状況			S純資産	S_純資産
3【配当政策】	配当総額、1株当たり配当額			S純資産	S_純資産
4【株価等の推移】	最高・最低株価			S純資産	S_純資産
5【役員の状況】	（定性的情報）		(3)会社役員の状況（定性的情報）	—	
6【コーポレート・ガバナンスの状況等】	役員報酬等		(3)取締役および監査役の報酬	T損益	T_損益
	株式の保有状況			J有価証	J_有価証券

第5【経理の状況】			監査報告等	(4)会計監査人の状況 他略		T_損益
1【連結財務諸表等】						
1 連結財務諸表				1 連結財務諸表	X_連結	
① 連結貸借対照表				①連結貸借対照表	X_連結	
② 連結損益計算書				②連結損益計算書	X_連結	
連結包括利益計算書				連結包括利益計算書	X_連結	
③ 連結株主資本等変動計算書				③連結株主資本等変動計算書	X_連結	
④ 連結キャッシュ・フロー計算書				④連結キャッシュ・フロー計算書	Y_連結CF	
【注記事項】						
(連結財務諸表作成のための基本となる重要な事項)	(定性的情報)			—	—	
(未適用の会計基準等)	(定性的情報)			—	—	
(会計方針の変更)	—					
(表示方法の変更)	(定性的情報)			—	—	
(追加情報)	—				—	
(連結貸借対照表関係)	※1 関係会社株式				J_有証	J_有価証券
	※2 当座貸越契約				N_借入金	N_借入金
	※3 保証債務				—	
(連結損益計算書関係)	※1 たな卸資産の収益性低下による簿価切下げ額				E_棚卸	E_棚卸却資産
	※2 販管費の内訳				T_損益	T_損益
	※3 一般管理費に含まれる研究開発費の総額				T_損益	T_損益
	※4〜5 固定資産売却除却損益の内訳				G_有固	G_有形固定資産
(連結包括利益計算書関係)	組替調整額 税効果				S純資産	S_純資産
(連結株主資本等変動計算書関係)	発行済株式数増減、新株予約権残高、配当支払額				S純資産	S_純資産
(連結キャッシュ・フロー計算書関係)	現金及び現金同等物残高、新連結子の資産・負債				Y_連結CF	連結CF
(リース取引関係)	オペレーティング・リース取引(借)の未経過リース料				X_連結	X_連結注記基礎資料_リース
(金融商品関係)	BS計上額・時価・差額、借入金等返済予定額				X_連結	X_連結注記基礎資料_金融商品
(退職給付関係)	退職給付債務の内訳、退職給付費用の内訳等				P退引	X_連結注記基礎資料_退職給付
(SOP関係)	費用、内容、規模、変動状況、単価情報、見積方法				S純資産	S_純資産
(税効果会計関連)	DTA発生別内訳、税率変更				X_連結	X_連結注記基礎資料_税効果
(企業結合等)	—				—	

項目	内容	財務諸表	コード	基礎資料
（資産除去債務）	増減額		G有固	G_有形固定資産
（セグメント情報）	セグメント別売上・利益・資産・関連情報		X連結	X_連結注記基礎資料 セグメント情報
（関連当事者取引）	重要な関連会社との取引		X連結	X_連結注記基礎資料 関連当事者取引
（1株あたり情報）	1株あたり純資産，1株あたり当期純利益	1株あたり純資産，株あたり当期純利益 1	B	B120_開示用財務指標データ（単体）
【連結附属明細表】				
（借入金等明細表）			N借入	N_連結注記基礎資料 金融商品
【その他】	四半期PL		B	
2【財務諸表等】		【財務諸表】		
【財務諸表】		①貸借対照表	B	B_単体試算表 変動分析シート
①貸借対照表		②損益計算書	B	B_単体試算表 変動分析シート
②損益計算書		③株主資本等変動計算書	B	B_単体試算表 変動分析シート
③株主資本等変動計算書			B	B_単体試算表 変動分析シート
【注記事項】				
（重要な会計方針）	（定性的情報）		—	—
（会計方針の変更）	（定性的情報）		—	—
（表示方法の変更）	（定性的情報）		—	—
（貸借対照表関係）	※1 関係会社に対する金銭債権・債務		U注記	V110_関係会社との債権債務一覧
	※2 当座貸越契約		U注記	N_借入金
	※3 保証債務		U注記	V100_保証債務
（損益計算書関係）	※1 関係会社との取引高		U注記	V120_関係会社との内部取引一覧
	※2 販管費の内訳		T損益	T_損益
（有価証券関係）	時価のない子会社株式，関連会社株式		J有証	J_連結注記基礎資料 有価証券
（税効果会計関連）	DTA発生別内訳，税率差異		X連結	X_連結注記基礎資料 税効果
（企業結合等）	—	—	—	—
【附属明細表】			G有固 H無固	G_有形固定資産 H_無形固定資産
（有形固定資産等明細表）				
（引当金明細表）	引当金		D.Q	D_営業債権（貸倒引当金） O_その他流動負債

（注）有価証券報告書等の項目は一部省略している。そのため，付番が連番になっていない箇所がある。

【開示業務の原則3】資料は「縦割り」ではなく「横串」で作ること

【開示業務の原則2】で述べたとおり，開示基礎資料はゴールから逆算して作成しなければならない。そして，開示基礎資料と最終成果物は「一対一」の対応をしていなければならない。ここまでできれば，開示業務は早期化でき，精度も上がる。

さて，本章の最後に，最も大切な【原則】について説明する。**資料は「縦割り」ではなく「横串」で作らなければならない。**

多くの上場企業において，単体決算担当者は単体決算を締め，単体の勘定科目明細等を作成して終わっている。連結決算担当者は連結決算を締め，連結仕訳明細等を作成して終わっている。そのため，単体決算や連結決算とは別の開示業務担当者が，開示基礎資料の作成をゼロベースで行っている。このように，決算業務における「上流工程」である単体決算・連結決算と，「下流工程」である開示業務の担当者が「分断」されているため，決算・開示資料も「上流」の資料（勘定科目明細等，連結仕訳明細等）と「下流」の資料（開示基礎資料）が「分断」されている。

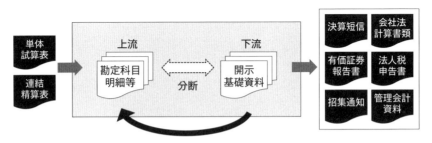

【図表4－23】上流と下流の分断

「縦割り行政」は，権限と責任の所在を明確にし，各人の専門性を活かせる等のメリットがあるが，そのようなメリットを発揮できるのは数千人，数万人の巨大組織だけである。大半の上場企業の経理部は数名，多くても10名〜20名の小さな組織である。このような小さな組織において，「縦割り行政」は，一体として実施すべき決算業務を過度に細分化することになり，効率性，生産性等のあらゆる面においてデメリットのほうが大きい。特に，細分化された業務を割り当てられた各担当者が経理部の全体像や決算のゴールを見ずに仕事をする可能性が高いというデメリットが生じることは看過できない。

第2章で，経理部が「情報サービス業」に進化するためには，経理部員1人ひとりが，「経営者や事業部門を支援するためのサービス部門」である，という視点を持っておく必要があると述べた（P.24）。経理部員は，経理部内の個々の業務のみを知っておけばよいというわけでなく，企業全体もしくは社会全体から経理部を見るという**「森」を見る**視点を持っておかなければならない。決算業務が縦割りになっていたら各担当者は目の前の与えられた業務しか見ることがないという**「枝」を見る視**点になってしまう。これでは，経理部が「情報サービス業」に進化することはない（この「森」を見る視点と，「枝」を見る視点の違いが，決算発表日にも違いをもたらしているということも第1章で述べたとおりである）。

弊害の多い経理部の「縦割り行政」を改善するには，いきなり業務分担を変えるのではなく，その前に決算資料の体系を変えなければならない。**決算資料を「縦割り」ではなく「横串」を指すように作成するのである。**

上述のとおり，決算業務における「上流工程」である単体決算・連結決算と，「下流工程」である開示業務の担当者が「分断」されている企

業は,決算・開示資料も「上流」の資料（勘定科目明細等,連結仕訳明細等）と「下流」の資料（開示基礎資料）が「分断」されている。そのため,作成される資料は,【図表4－24】のように勘定科目明細等と開示基礎資料の「2層構造」となっていることが多い（しかも,これらの資料は,網羅性や有用性が確保されていないことが多く,「分析業務」と「開示業務」に必要な資料が不十分であるため,それぞれの業務は一部の担当者の能力や経験に依存し,業務と資料が属人化している）。

これまで何度も述べてきたとおり,「アウトプット業務」は,後工程である「分析業務」「開示業務」に役立つものでなければならない。そして,分析業務は「試算表レベルの分析」→「リードシートレベルの分析」→「勘定科目明細レベルの分析」→「開示基礎資料レベルの分析」と4段階の分析をしなければならない（【分析業務の原則8－2】（P.95）参照）。そのため,作成する資料も【図表4－25】のように「4層構造」の体系にしなければならない（4層構造の各資料間の数値を合わせてお

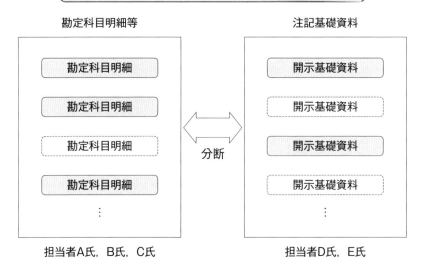

かなければならない)。

このように決算資料の体系を「4層構造」にすれば、業務分担も横串を刺すことができる。例えば、有価証券の担当者は、有価証券の開示基礎資料まで一気に作成し、税金の担当者は、税効果会計の注記にかかる開示基礎資料まで一気に作成する。

このように決算資料を「4層構造」に変えることにより、決算資料の網羅性や有用性が確保され、経理部員が**「森」を見る視点**を持つことも可能になる。さらに、単体試算表・連結精算表の作成と同時に（もしくは並行して）開示基礎資料の作成にとりかかることが可能となるため、決算早期化を実現させることも可能となる。単体試算表・連結精算表の作成が完了した1～2日後にはすべての開示基礎資料の作成が完了している企業もある。

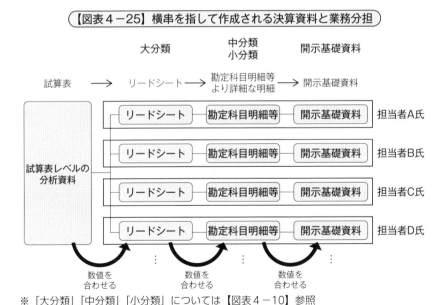

※「大分類」「中分類」「小分類」については【図表4-10】参照

決算資料を「2層構造」から「4層構造」に変えると，経理部の共有
フォルダ内の体系も変わる。「2層構造」による決算資料を作成してい
る企業は，【図表4－26】のように，（上流工程である）「単体決算フォ
ルダ」「連結決算フォルダ」とは別に，（下流工程である）「短信フォル
ダ」「有報フォルダ」「会社法フォルダ」…というように開示業務用の
フォルダが複数作成されていることが多い。フォルダの構成を見ただけ
で，上流工程と下流工程が分断されていることがわかる。このような企
業は，上流工程と下流工程の資料がリンクされていないものが多いだけ
でなく，下流工程である開示業務についても各フォルダ内に重複した資
料が多く，総じて資料数が多いという特徴がある。

　これを「4層構造」の決算資料の体系に変えると，【図表4－27】（単
体），【図表4－28】（連結）のようになる。すべての資料に横串を刺し，
業務分担も，資料の保存も横串を刺す。「ゴール逆算思考」により，1
種の注記に対して，1つの開示基礎資料を作成するため，資料の重複は
なく，エクセルファイル数もエクセルシート数も極限まで減らすことが
可能となる。売上高数百億円規模の上場企業であれば，単体・連結それ
ぞれに20～30個のエクセルファイル数で足りるはずである。

【図表4-26】「2層構造」による決算資料作成企業の共有フォルダ内

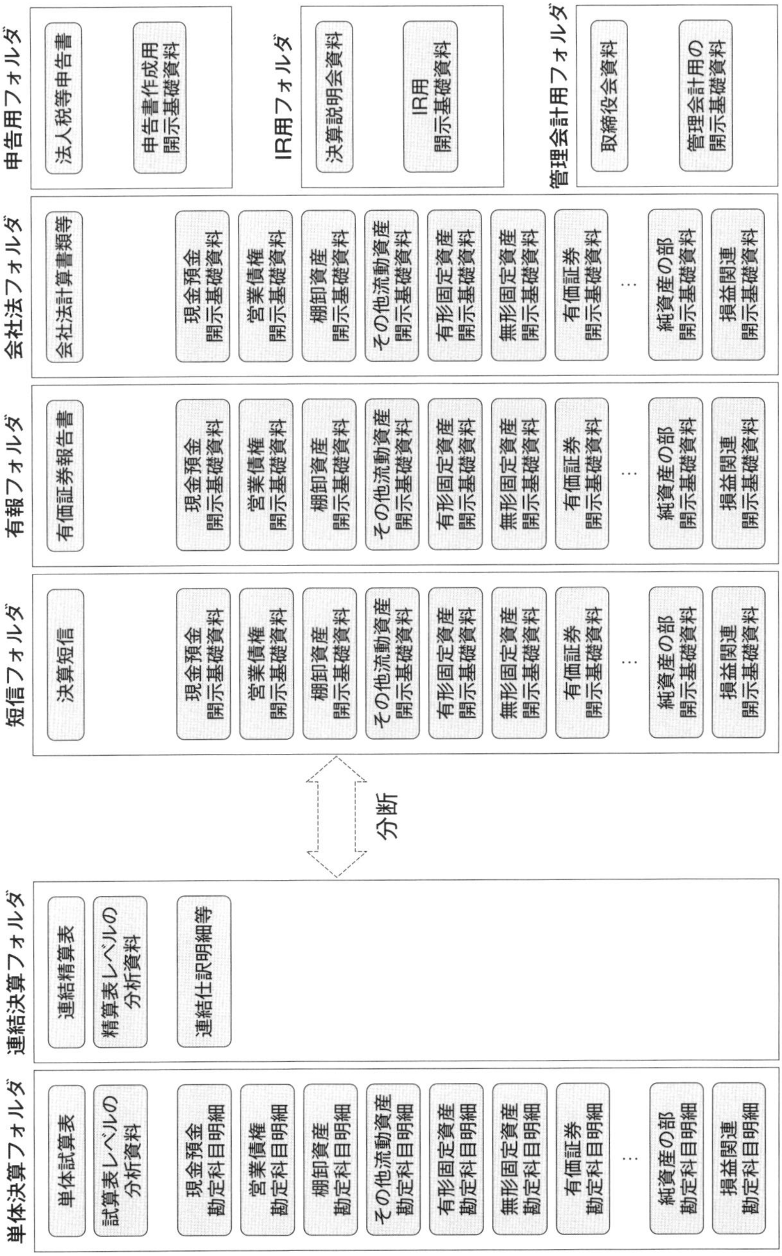

単体決算フォルダ
- 単体試算表
- 試算表レベルの分析資料
- 現金預金 勘定科目明細
- 営業債権 勘定科目明細
- 棚卸資産 勘定科目明細
- その他流動資産 勘定科目明細
- 有形固定資産 勘定科目明細
- 無形固定資産 勘定科目明細
- 有価証券 勘定科目明細
- …
- 純資産の部 勘定科目明細
- 損益関連 勘定科目明細

連結決算フォルダ
- 連結精算表
- 精算表レベルの分析資料
- 連結仕訳明細等

⇕ 分断

短信フォルダ
- 決算短信
- 現金預金 開示基礎資料
- 営業債権 開示基礎資料
- 棚卸資産 開示基礎資料
- その他流動資産 開示基礎資料
- 有形固定資産 開示基礎資料
- 無形固定資産 開示基礎資料
- 有価証券 開示基礎資料
- …
- 純資産の部 開示基礎資料
- 損益関連 開示基礎資料

有報フォルダ
- 有価証券報告書
- 現金預金 開示基礎資料
- 営業債権 開示基礎資料
- 棚卸資産 開示基礎資料
- その他流動資産 開示基礎資料
- 有形固定資産 開示基礎資料
- 無形固定資産 開示基礎資料
- 有価証券 開示基礎資料
- …
- 純資産の部 開示基礎資料
- 損益関連 開示基礎資料

会社法フォルダ
- 会社法計算書類等
- 現金預金 開示基礎資料
- 営業債権 開示基礎資料
- 棚卸資産 開示基礎資料
- その他流動資産 開示基礎資料
- 有形固定資産 開示基礎資料
- 無形固定資産 開示基礎資料
- 有価証券 開示基礎資料
- …
- 純資産の部 開示基礎資料
- 損益関連 開示基礎資料

申告用フォルダ
- 法人税等申告書
- 申告書作成用 開示基礎資料

IR用フォルダ
- 決算説明資料
- IR用 開示基礎資料

管理会計用フォルダ
- 取締役会資料
- 管理会計用の 開示基礎資料

114

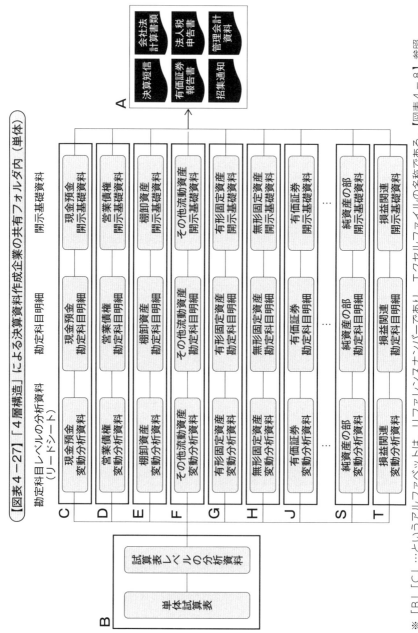

【図表4-27】「4層構造」による決算資料作成企業の共有フォルダ内（単体）

※「B」「C」…というアルファベットは、リファレンススナンバーであり、エクセルファイルの名称である。【図表4-8】参照

第4章 経理部の決算業務とは 115

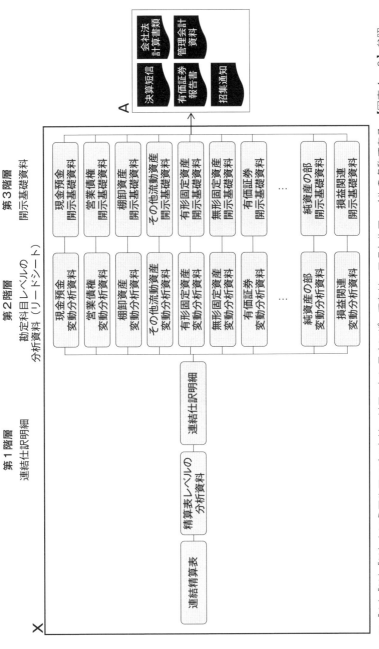

[図表4-28]「4層構造」による決算資料作成企業の共有フォルダ内（連結）

※「A」「X」「Y」というアルファベットは、リファレンスナンバーであり、エクセルファイルの名称である。[図表4-8] 参照

第5章

経理部の
サポート業務とは
―経営をサポートし，
企業価値を高めるために
経理部は何をすべきか

本章のポイント

◆サポート業務における3つの業務（3つのステップ）
1stステップ：現状を知る（過去の数値を分析する）
2ndステップ：1年後を予測する（未来を読む）
3rdステップ：5年後のストーリーを描く（企業価値を高める）
　　3rdステップ－A．資金調達
　　3rdステップ－B．キャッシュの循環
　　3rdステップ－C．キャッシュの最適配分

第1章において，経理部は「情報倉庫業」→「情報製造業」→「情報サービス業」の3つの進化の段階のプロセスを辿ると述べた。当然のことながら，経理部は「情報サービス業」へと進化させなければならない。そして，私は，「情報サービス業」へと進化した経理部のことを「真の経理部」と呼んでいる。

　第2章において経理部の日常業務について説明し，第3章において経理部の決算業務について説明したが，ここまで説明したことを経理部の「仕組み」として体制を作り，きちんと運用できるようになって，ようやく各利害関係者に対して価値ある情報をタイムリーに提供するという役割を果たす「情報製造業」たる経理部へと進化できたことになる。

　「真の経理部」とは，各利害関係者に対して価値ある情報をタイムリーに提供することは当然のこと，経営者等のサポートや支援をしたり，新たな価値を創造したり，企業価値を高めたりする「情報サービス業」へと進化した経理部のことをいう。つまり，経理部が「経営の中枢部

【図表5－1】経理部のあり方と経理部に求められるもの（P.10再掲）

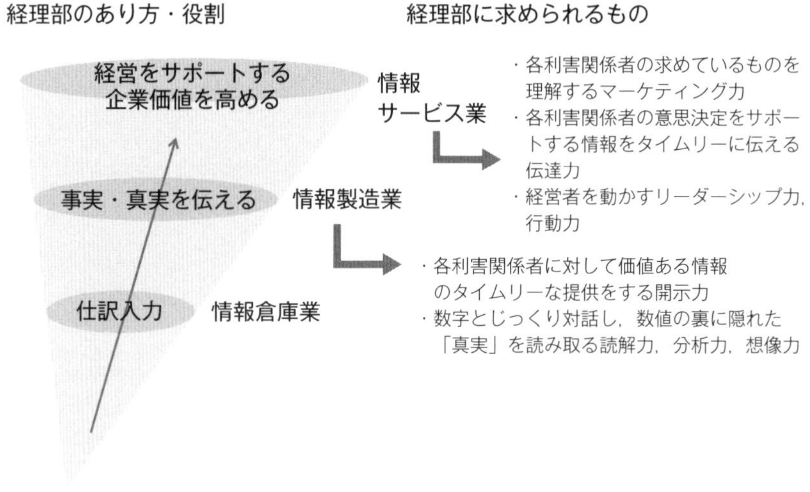

経理部のあり方・役割

経営をサポートする
企業価値を高める

事実・真実を伝える

仕訳入力

経理部に求められるもの

情報サービス業
・各利害関係者の求めているものを理解するマーケティング力
・各利害関係者の意思決定をサポートする情報をタイムリーに伝える伝達力
・経営者を動かすリーダーシップ力，行動力

情報製造業

情報倉庫業
・各利害関係者に対して価値ある情報のタイムリーな提供をする開示力
・数字とじっくり対話し，数値の裏に隠れた「真実」を読み取る読解力，分析力，想像力

門」「経営の指令基地」とならなければならない。

本章では，経理部を「真の経理部」(「情報サービス業」たる経理部) へと進化させる方法，および，「真の経理部」の中で経理部員は何をすべきかについて述べていく。

経理部を「真の経理部」へと進化させるためには，以下の3つのステップを踏んで経理部の役割を拡大させなければならない。

1stステップ：現状を知る（過去の数値を分析する）
2ndステップ：1年後を予測する（未来を読む）
3rdステップ：5年後のストーリーを描く（企業価値を高める）

以下，それぞれのステップに分けて説明をしていく。

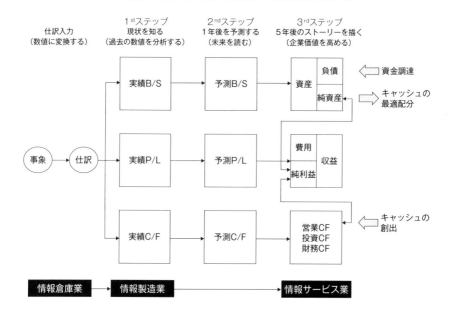

【図表5－2】「真の経理部」への3つのステップ

1　1stステップ：現状を知る　（過去の数値を分析する）

　経理部を「真の経理部」へと進化させるための1stステップは，会社の「現状を知る」ことである。会社の現状を知らずして，将来を読むことも，企業価値を高めることもできない。ここでいう「現状を知る」とは，過去の数値を分析し（財務分析を実施し），会社の実態を数値で把握することである。

　財務分析については，第4章で詳述したとおりである。財務分析には，①ディスクロージャー目的，②異常点発見目的，③企業価値向上目的，の3つの目的があった（P.81）。①ディスクロージャー目的，②異常点発見目的の財務分析の場合，主に過去数期分のデータを比較・分析すること（過年度比較分析）が重要であるが，③企業価値向上目的の財務分析の場合，過年度比較分析だけではなく，「分解」「他社比較」の視点も必要となる。

目的		手法
①ディスクロージャー目的		(a)過年度比較
②異常点発見目的		(b)分解
③企業価値向上目的		(c)他社比較

　ここでいう「分解」の視点とは，自社の単体決算における財政状態（B/S），経営成績（P/L），キャッシュ・フローの状況（C/F）をざっくりと分析するだけではなく，事業所別，所在地別，店舗別，販売先別，製品別，商品別…と細かく「分解」し，細分化した単位で過年度比較分析や比率分析を実施することをいう。また，連結決算における財政状態

（B/S），経営成績（P/L），キャッシュ・フローの状況（C/F）をざっくりと分析するだけではなく，子会社・関連会社別，セグメント別…と細かく「分解」して分析を実施することも含む。全体を見ただけでは見えなかったものが，「分解」することによって見えてくることがある。

「比較」の視点とは，競合他社や類似企業との比較分析である。競合他社等が上場企業であれば，有報や決算説明会資料を徹底して分析する。「外部」（他社）を見ることによって「内部」（自社）が見えるということもある。

多くの経理担当者は，単なる決算業務の一環として形式的・事後的な分析業務を行っている。その分析結果は，ディスクロージャーに反映されていないし，経営にフィードバックされていない（それどころか，分析業務自体をやっていない経理部も多い）。

本来，経理部は「現状を知る」ために財務分析を実施しなければならない。それは，リードシートを見て，過年度との変動が大きいものを説明するという形式的なものではない。じっくりと数字と向き合い，数字と対話するという姿勢が必要になる。

自社のよい点も悪い点も，問題点も課題も，他社との優位性も，顧客満足度も，すべて数字となって表れる。数字との対話を繰り返すことにより，自社の実態が浮かび上がってくるはずだ。この「浮かび上がる」という感覚が得られるまで，数字に向き合わなければならない。この「事実」から昇華された「真実」を言語化する。これこそ，経営者や投資家が求めるものであり，経理部から発信すべきものである。

経理部を「真の経理部」へと進化させるための1stステップは，数字との対話である。自社の実態が「浮かび上がる」ほどの財務分析である。ここまで数字と向き合わなければ，2ndステップの「将来を読む」こと

ができない。

2 2ndステップ：1年後を予測する（未来を読む）

　本題に入る前に，余談をお許しいただきたい。

　私は，健康管理のために，体重，体脂肪率，歩数，運動内容，睡眠時間，快眠度，食事内容を毎日エクセルシートに記録している（それ以外にも，日々の仕事，読書，執筆の内容も記録している）。それぞれの項目を横軸に，日付を縦軸に，6年以上記録を続けているので，エクセルシートは2,000行を超えている。

　このようなことを6年以上も続けると，何を食べたら太るのか，どういう生活をすれば痩せるのかといったことがわかるようになるし，翌朝の体重が寝る前にわかるようになる（誤差はプラスマイナス0.3kg以内に収まる）。記録をつけてから体重も体脂肪率も激減したし，今後も太ることは絶対にない。

　何がいいたいのかいうと，「過去を分析すれば現状を知ることができ，現状を知ることができれば未来が読める」ということである。逆にいえば，「過去を分析せずして，未来は読めない」。現状の体重すら知らない者が，ダイエットの目標や計画を立てても，成功できないことと同じである。

　経営者やアナリストなどが，将来の日経平均株価や為替の動き，社会の動きを予測するが，まったく当たらない人もいれば，毎年外さない人もいる。外さない人は過去を分析しているからであり，経験則により先の動きが見えているのだろう。

　経理部においても，経営計画，事業計画，中長期計画，短期計画，予

算，予測などの立案・策定をしなければならないが，その際に，過去の分析をせずに（もしくは過去の分析結果を活かさずに）未来を予測しているケースを見受ける。

例えば，計画等を立案する際に，"鉛筆舐め舐め"で数値を作り，でき上がったドラフトをもとに各部署と協議して，「なんとなく合理的」と思われる妥協点を見つけ出し，それを最適値としてまとめ上げるということをやっている企業もある。特に中小規模の上場企業においては，根拠なき計画や予測を立てるため，期中に何度も計画や予測の修正を行い実績値に合わせていくという不毛なことをやっているケースもある。これでは，何のための計画や予測なのかわからない。

このように，「現状を知る」ことなしに計画等を立案しても，それは単なる「空想」に過ぎないものとなってしまうことがある。

ビジネス書やネットなどで「PDCAサイクルを回すことが大切だ」という記述を目にすることが多い。PDCAサイクルとは，Plan（計画）→ Do（実行）→ Check（評価）→ Action（改善）の頭文字をとったもので，この4段階の活動を繰り返すことによって業務を継続的に改善することができるという。このPDCAサイクルを経営にも活かすことが提唱されており，経営におけるPDCAサイクルの具体例を示すと【図表5－3】のようになる。

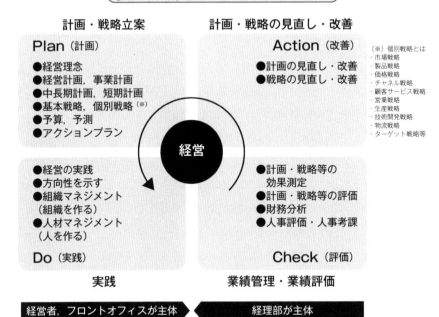

　このPDCAサイクルは,「Plan」(計画・戦略の立案)の活動から始まり,その後の「Do」→「Check」→「Action」の活動につながり,再度「Plan」の活動に戻っていくと解している人が多いと思われる。つまり,経営活動は,計画・戦略の立案から始まり,評価・改善に終わると解されている。

　経理部における計画・戦略の立案においても,「Plan」から始まると思っている企業がある。つまり,計画・戦略の立案(Plan)と,決算や分析業務(Check)とはまったく別個独立した業務と捉え,決算や分析の結果を考慮せずに「Plan」(計画・戦略の立案)を行っている企業がある。「Plan」を経理部以外の部署(経営企画部等)が実施し,「Check」を経理部が実施し,両者で連携が取れていないケースも多い。

経理部や経営企画部等が実施する計画等の立案は，真っ白のキャンバスに真っ白のアイデアをスケッチすることではない。それは社長がやることであり，経理部（員）に求められていることではない（ただし，社長が真っ白のキャンバスにスケッチをするための素材は経理部が提供しなければならない）。経理部や経営企画部等が実施する計画等の立案の多くは「現状を知る」（過去の数値を分析する）ことから始めるべきであり，かつ，「現状を知る」ことによってなしうるものである。

　つまり，経理部員にとって重要なことは，PDCAサイクルの「Plan」の前に，「Check」（財務分析）を徹底して実施することである。まず「Check」を行い，そこから「Action」（計画・戦略の見直し・改善）の策を練る。それが未来の「Plan」となる。

　「Plan」自体は，経営者や経営企画部等が実施してもよいが，「Check」（財務分析）や「Action」（計画・戦略の見直し・改善）は会社の数字を最もよく知る経理部が実施しなければならない。【図表5－3】の図でいえば，右側の「Check」「Action」を経理部が主体となって実施し，左側の「Plan」「Do」を経営者やフロントオフィスが主体となって実施することになる。このように，経営者，フロントオフィス，バックオフィスが一体となってPDCAサイクルを回していく。

　よって，経理部においては，PDCAサイクルは，「Plan」（計画・戦略の立案）の活動から始まるのではなく，「Check」（財務分析）から始まり，「Plan」のための素材を提供しなければならない。「PDCAサイクル」ではなく，「CAPDサイクル」を回していくというイメージとなる。

3 3rdステップ：5年後のストーリーを描く（企業価値を高める）

(1) 未来を描く視点

　自社の未来を予測する方法にあるべき方法はないし，各社まちまちであるが，大きく分けると，「逆ピラミッド型（引き算型）」と「ピラミッド型（足し算型）」の2パターンがある。

　「逆ピラミッド型（引き算型）」とは，会社の経営理念がトップにあり，事業ドメイン（事業の方向性）が決められ，中長期計画→短期計画→予測財務諸表→予算→目標とドリルダウンされる未来予測の方法である。まずは会社のビッグストーリーを描き，そこから合理的な計画，目標等を立てていく方法といえる。

　この方法は，真っ白のキャンバスに真っ白のアイデアをスケッチすることに近く，社長が主体となって実施すべきものである。社長が描いたスケッチを中長期計画等のカタチにしていき，全社に落とし込んでいくものである。ただし，社長の思い描くものが大きすぎる場合は，「現状」から大きく乖離した根拠なき計画や予測になるおそれがある。

　他方，「ピラミッド型（足し算型）」とは，会社の経営理念，事業ドメイン（事業の方向性）が土台にあり，自社の実績，他社の実績，外部環境といった「現状を知る」ことによって，未来（予測財務諸表→予算→目標）を作っていく方法である。過去・現状から未来を予測する方法といえる。

　これは，会社の数値を最もよく知る経理部が主体となって実施し，経

理部が描いたスケッチを経営者（社長等）に提示し，そこで了承が得られたものが全社に落とし込まれていく。この方法は逆に，社長の思い描くものと乖離し，合理的すぎる数値となってしまい，小さくまとまった計画や予測となるおそれがある。

どちらにも一長一短があるため，片方の視点で会社の未来を描くことはリスクが高い。経理部員といえども両方の視点を持っておく必要がある。

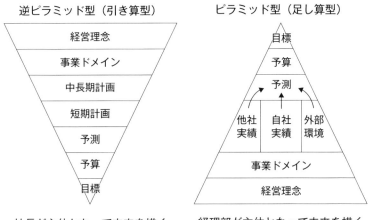

【図表5-4】自社の未来を描く方法

1年後の未来は，現状を知り（1stステップ），「CAPDサイクル」を回す（2ndステップ）ことによって予測することができる。つまり，「ピラミッド型（足し算型）」による未来予想方法により，未来を予測することができる。

しかし，5年後（もしくは，それより長期）の未来は，同じような方法で予測することはできない。長期的な未来は，現状の延長上にはない

からである。長期的な未来を予測するということは，すなわち，企業の向かうべき方向性を示した「ストーリーを描く」ことにほかならず，真っ白のキャンバスにスケッチすることであるから，「逆ピラミッド型（引き算型）」による未来予想方法が適している。

　経理部員は，社長が描くビッグストーリーと，経理部が描く合理的な未来予想図の両者の差異を調整していくことも必要となる。

　経理部は，経営者等のサポートや支援をしたり，新たな価値を創造したり，企業価値を高めたりする「情報サービス業」へと進化させ，「経営の中枢部門」「経営の指令基地」とならなければならない，ということは何度も述べてきたとおりである。

　社長がビッグストーリーを描いた際，それが非現実的なものだったとしても社長の描くストーリーを実現させるために経理部として何ができるのかを考えなければならない。「真の経理部」は，経営をサポートし，企業価値を高めるために存在するからである。

⑵　経理部が企業価値を高めるためにやるべきこと

　経理部は，「情報サービス業」としての役割があり，その役割の1つとして，企業価値を高めるという役割も担っている。

　企業価値の計算手法には，コスト・アプローチ（清算価値法，修正簿価純資産法等），インカム・アプローチ（収益還元法，DCF法等），マーケット・アプローチ（類似業種比準法，マルチプル法等）といった方法があり，単一の方法で算出されるのではなく，各手法の組み合わせにより算出されることが多い。そのため，企業価値の定義には，「将来のキャッシュ・フローを生み出す能力（生成能力）の現在価値の総和」等さまざまあるが，これについては本書では深掘りしない。

経理部は，単に決算・開示をタイムリーに実施したり，計画・戦略の立案をしたりするだけでなく，将来のキャッシュ・フローを生み出す能力（生成能力）を高める活動にも寄与しなければならない。

　企業価値を高める（最大化する）ためには，以下の３つの活動が必要となる。

A．資金調達……事業に必要なキャッシュを外部から調達する
B．キャッシュの循環……既存の事業・資産から最大限にキャッシュを創出する
C．キャッシュの最適配分……創出されたキャッシュを最適に分配する

　このA～Cの活動を図表にしたものが【図表５－５】である。

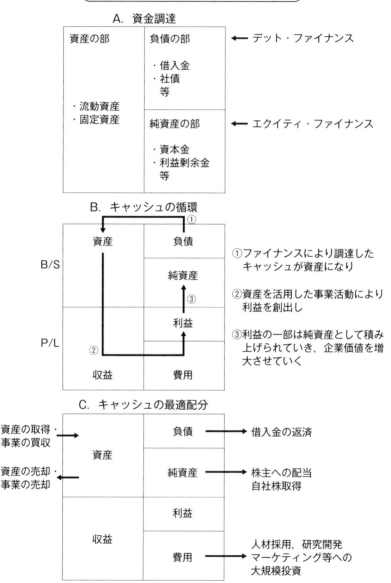

【図表5-5】企業価値を最大化する方法

[出処] 朝倉祐介著『ファイナンス思考 －日本企業を蝕む病と，再生の戦略論』(ダイヤモンド社) P.56, P.57, P.59をもとに筆者一部編集

A．資金調達

まず，企業は，事業に必要なキャッシュを，以下の3つのいずれかにより獲得する。

（A-1）デット・ファイナンス（借入／債券の発行）
（A-2）エクイティ・ファイナンス（新株の発行）
（B）事業のキャッシュ・フロー（資金の創出）
（C）手元のキャッシュ

企業は，（B）の事業のキャッシュ・フロー（資金の創出），もくしは，（C）手元のキャッシュだけでは新たな価値を創出できない場合，外部からの資金調達（ファイナンス）により事業に必要な資金を獲得しなければならない。外部からの資金調達には，（A-1）デット・ファイナンス（借入／債券の発行）と，（A-2）エクイティ・ファイナンス（新株の発行）の2つがある。（A-1）はB/Sの負債の部に計上され，（A-2）は純資産の部に計上される（【図表5－6】参照）。

経理部は，資金調達の必要性を検討し，資金調達が必要であれば，どのような方法により資金調達をするのかも検討し，シミュレーションしなければならない。そして，資金調達方法が決まったら，必要な資金の獲得に向けて準備をしなければならない。資金を活用し，事業を成長させ，企業価値を高めるために，これらの一連の業務は非常に重要である。

【図表5－6】デット・ファイナンスとエクイティ・ファイナンス

A. 資金調達

資産の部	負債の部	← デット・ファイナンス
	・借入金 ・社債 　等	
・流動資産 ・固定資産	純資産の部	← エクイティ・ファイナンス
	・資本金 ・利益剰余金 　等	
資金運用	**資金調達**	

［出処］前掲書P.56をもとに筆者一部編集

B．キャッシュの循環

　企業は，「A．資金調達」により獲得したキャッシュを，既存事業へ投入し，そこからより多くのキャッシュを創出していく。つまり，①デット・ファイナンス（負債）やエクイティ・ファイナンス（純資産）で調達したキャッシュがB/S上のキャッシュ（現金預金）となり，②そのキャッシュを含む資産を活用した事業活動によって，P/L上の利益を創出し，さらにキャッシュ（B/S上の現金預金）を創出し増大させていく。③P/L上の利益の一部は，B/S上の純資産の部の利益剰余金として積み重ねられていき，企業価値を増大させていく。

　このように，企業は，事業を通じて①→②→③とキャッシュを循環させながら，キャッシュを最大化させ，結果として企業価値も最大化させていくことになる。これを図解したのが【図表5－7】である。このように，企業が獲得したキャッシュは，B/Sの右側から左側へ，さらにP/Lへと，グルグルと循環していく。

【図表5-7】キャッシュの循環

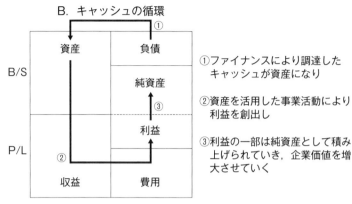

[出処] 前掲書P.57をもとに筆者一部編集

　経理部は，企業価値を高めるために，外部からの資金調達（デット・ファイナンス，エクイティ・ファイナンス）の検討や交渉もしなければならないが，単にキャッシュを調達する（B/S上の現金預金を増やす）ことで終わってはならない。「金融機関から1億円の新規借入を行った」ということが企業価値を高める役割を担う経理部の業務のゴールではないし，ファイナンスの本質でもない。

　企業価値を高める役割を担う経理部は，（第1章でも述べたとおり）「経営の中枢部門」「経営の指令基地」にならなければならない。企業は，ファイナンスを行った後，**「キャッシュの循環」を通して，キャッシュを最大化させていく**が，経理部は「経営の中枢部門」「経営の指令基地」として，キャッシュを最大化させるための以下の3つの責任を負っている。

(a) キャッシュが最大化するようなスキーム（仕組み）を構築する
(b) キャッシュが最大化していることをモニタリング（監視）する
(c) キャッシュが最大化するように健全にコントロールする

　企業は，「キャッシュの循環」を通して，キャッシュを最大化させることになるから，その前提として，P/L上の利益が創出されなければならない（つまり黒字でなければならない）。

　経理部は，まず，企業が各事業活動によってP/L上の利益を創出しているか（言い換えれば，黒字化しているか）をモニタリングしなければならない。月次P/Lの変動分析や予実分析は，各事業活動がP/L上の利益を創出していることをモニタリングし，かつ，キャッシュが最大化するように健全にコントロールするために活用しなければならない。

　また経理部は，企業が各事業活動からキャッシュを創出しているかについてもモニタリングしなければならない。資金計画表や資金繰り表は，各事業活動がキャッシュを創出していることをモニタリングし，かつ，キャッシュが最大化するように健全にコントロールするために活用しなければならない。

　さらに経理部は，「キャッシュの循環」をモニタリングやコントロールするだけではなく，「キャッシュが最大化するようなスキーム（仕組み）」を構築しなければならない。それは，各事業活動から創出されるキャッシュを最大化する方法以外にもさまざまある。

　例えば，営業債権の早期回収，営業債務の支払条件の最適化，資産の換金等もキャッシュを創出する一手段となりうる。キャッシュ・コンバージョン・サイクル（CCC；商品・原材料等を仕入れることによって発生した営業債務を支払ってから，その後の売上により発生した営業

債権が回収されるまでにかかる日数）を短縮すること等も検討すべきである。当然のことながら，支払のタイミングを遅らせ，入金のタイミングを早めることにより資金繰りは改善される。これもキャッシュを創出する1つの手段である。また，**キャッシュ・マネジメント・システム**（CMS，グループ資金の一元管理）の導入，与信枠管理，為替予約等もキャッシュを創出する一手段となりうる。これらの方法は，P/Lを経由しない方法ではあるが，広い意味で「**キャッシュの循環**」に当たる。

　このように，経理部は，資金調達をした後に，さまざまな「**キャッシュの循環**」の方法を組み合わせることにより，資金の創出（キャッシュの最大化）を図っていかなければならない。

C．キャッシュの最適配分

　企業は，「A．資金調達」「B．キャッシュの循環」の活動を通して，キャッシュを循環させながら，キャッシュを最大化させ，結果として企業価値も最大化させていく。

　経理部は，ここで獲得されたキャッシュを，もう一度，「B．キャッシュの循環」のサイクルに投入して再度キャッシュの最大化を図るだけではなく，新規事業の投資や，他の資産や事業の獲得に振り向けるなど，**創出されたキャッシュの最適配分**を検討しなければならない。

　このキャッシュの最適配分には，事業の採算性等を考慮したB/Sの最適化も含まれ，事業資産の売却や非中核事業の売却，借入金の返済，自社株取得等も含まれる。

　つまり，「キャッシュの最適配分」には，主に以下のようなものが挙げられる。

- 借入金返済
- 配当
- 自社株取得
- 資産の取得・事業の買収
- 資産の売却・事業の売却
- 人材採用，研究開発，マーケティング等への大規模投資

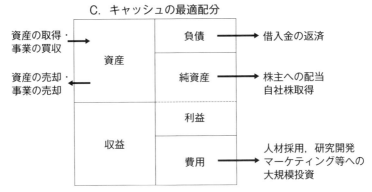

【図表5-8】キャッシュの最適配分

[出処] 前掲書P.59をもとに筆者一部編集

　このように，企業は，事業活動を通して最大化させたキャッシュを溜め込む（留保する）のではなく，既存事業に振り向けるのか，新規事業に振り向けるのか，それとも株主や債権者に還元するのか，といった検討を長期的な視点を持って戦略的に実施しなければならない。

　「B．キャッシュの循環」がキャッシュの稼ぎ方だとすれば，「C．キャッシュの最適配分」はキャッシュの使い方といえるが，キャッシュをどのように効率的に使うかを考えることは，稼ぎ方を考えるよりも難しいはずである。長期的に企業価値を向上させるように，投資家が要求

するリターンである「資本コスト」を勘案しながらキャッシュの使い方を考えなければならない。

　なお，ここまで述べた３つの活動は，経理部以外の担当者や部署が個別に主管していることが多い。例えば，「Ａ．資金調達」は取締役（CFO等）や財務部が主管し，「Ｂ．キャッシュの循環」は各事業部門が主管し，「Ｃ．キャッシュの最適配分」は取締役（CEO等）が主管している企業が多いのではないだろうか。

　しかし，これらの３つの活動を個別にバラバラに管理すると，企業価値をどのように最大化するのかを包括的に意識することもできなければ，戦略を立てることもできない。また，誰が企業価値を最大化するのかという責任も曖昧になり，中空構造の組織体となってしまうおそれがある。

　これらの３つの活動は，本来はすべてが有機的につながった一連の活動である。したがって，各活動を個別にバラバラに管理すべきではなく，企業価値をどのように最大化するのかを意識しながら，一体として管理すべきである。

　では，どの部署が管理すべきか。それは経理部である。

　「Ｃ．キャッシュの最適配分」それ自体は会社の成長戦略に対する経営者の考えが反映される。例えば，ベンチャー企業であれば，配当や自社株取得といった株主への還元策を抑え，既存事業や新規事業にキャッシュを集中的に配分するということはよくある。これも会社の成長戦略に対する経営者の考えが反映された結果である。

　しかし，それを管理するのは会社の数値を最もよく知る経理部であり，CEOやCFOではない。何度も述べているように，経理部は，新たな価値を創造したり，企業価値を高めたり，経営のサポートをしたりするサービス部門に進化しなければならない。「Ａ．資金調達」「Ｂ．キャッ

シュの循環」「C．キャッシュの最適配分」のそれぞれの活動を理解し，戦略を練り，一元管理し，経営者や投資家とコミュニケーションを取りながら，企業価値を最大化していかなければならない。経理部（員）の腕の見せ所である。

　なお，近年は，「経済的価値」（定量的に表現できる企業価値）を向上させるために「社会的価値」（数字だけでは推し量れない企業価値）を毀損することは許されなくなってきている。儲かるからといって環境汚染を引き起こすことや，個人情報を漏洩することや，児童労働を黙認すること等は許されない。投資家がESG（環境，社会，ガバナンス）に関心を持っているように，企業や経理部（員）も事業活動を社会や環境等を切り離して考えてはならない。つまり，企業価値の最大化を考えるにあたっては社会や環境等との関わりまで見なければならず，キャッシュ・フロー生成能力を予測するにあたっては将来影響を与える可能性のあるさまざまな事項を考慮しなければならない。

　社会的な影響力が大きい上場企業は特に，「経済的価値」の向上を図りながら，「社会的価値」の実現を目指し，サステナブル経営（持続可能な経営）を実践していかなければならない。

⑶　企業価値を高めるためのストーリーを描く

　経理部は，⑵で述べた企業価値を最大化するための３つの活動を，すべての利害関係者に向けて可視化し，「ストーリー」として描かなければならない。これは，企業の目指すべき方向性（ドメイン）や目標等を明確に示すことといってもよい。もちろん，そこには数値や指標を用い，定量的に現在地と将来予測を示す必要がある。

　描いた「ストーリー」は，すべての利害関係者にわかりやすく発信・

報告しなければならない。発信先は，社外の利害関係者（投資家，債権者等）に限らず，社内の利害関係者（経営者，従業員等）も含まれる。それぞれの利害関係者が求める情報は異なるため，「ストーリー」は1つでも，利害関係者ごとに伝え方や伝える内容は変えなければならない。例えば，投資家は，投資以上のリターンが得られるかどうかに関心があるから，それに答える説得力のある将来ストーリーを示す必要がある。

　利害関係者に対する「ストーリー」の発信・報告のフロントに立つのはCEOやCFO等の経営者であるが，経理部はその情報発信・情報開示のサポートをしなければならない。

第6章

自己の価値を向上させる経理部員の心得

―自分が変われば会社は変わる

本章のポイント

1. AIに仕事を奪われないための心得4つ
2. 「真の経理部」に必要とされる経理部員になるための心得7つ
3. 人の上に立つ者の心得5つ
4. 部下としての心得5つ
5. 仕事の生産性を高めるための心得5つ

本書のおさらいも兼ねて，「真の経理部」の経理部員となるための心得をまとめておく。

1 AIに仕事を奪われないための心得

AIに奪われる仕事ランキング上位に経理がくる。AIでもできる仕事はAIに奪われる時代になる。AIに仕事が奪われないために，経理部員はどのように仕事をすべきなのか。その心得を述べていく。

心得1：AIに仕事が奪われると騒ぎすぎない

最近，ビジネス誌やネットで「AIに奪われる仕事ランキング」のようなものが載ることが多い。その上位には，必ずといっていいほど経理担当者，経理事務員が入る。

例えば，「週刊ダイヤモンド」（2015年8月22日号）は「機械に奪われそうな仕事ランキング」（https://diamond.jp/articles/-/76895）を掲載し，2位に会計士，3位に一般事務員，50位に会計・経理事務員がランクインしていたことが話題にとなった。

このランキングの原典は，オックスフォード大学でAIなどの研究を行うマイケル・オズボーン（Michael Osborne）という准教授らが書いた論文[注]であり，簿記・会計・監査事務員（Bookkeeping, Accounting, and Auditing Clerks）の仕事は98％の確率でコンピューターに代わられるという衝撃的な内容である。

[注] "The Future of Employment: How susceptible are jobs to computerization?"（『雇用の未来—コンピューター化によって仕事は失われるのか』）

この論文は，702種に分類した職業の約半数が10年から20年後に消滅

第6章　自己の価値を向上させる経理部員の心得　　143

し，全雇用者の47％が「at risk」，つまり，職を失うおそれがあると予測している。上位には，1位に電話販売員（Telemarketers），5位に保険業者（Insurance Underwriters），8位に税務申告代行者（Tax preparers）等が挙げられており，上位の職種はホワイトカラーと呼ばれてきた事務系の仕事や，マニュアル化された作業をすればよい仕事が大半を占めている。

　こういった論文や記事を受けて，会計士や経理担当者の職業の存続を危ぶむ声が上がっているという別の記事を見かけることもあるが，私は騒ぐほどのことではないと思っている。

　かつて，産業革命下の機械化が進む時代のイギリスにおいて，職を奪われる織物職人たちが機械の打ち壊し運動（ラッダイト運動）を起こしたらしい。機械化が進んだことにより，ルーチンワークなどが奪われることになったかもしれないが，経済全体に及ぶ組織的な雇用喪失には至ることはなく，逆に，機械化が進んだことにより新たに生まれた産業や雇用もあった。「AIに仕事が奪われるかもしれない」と騒ぐのは，ラッダイト運動の時の織物職人と同じであり，愚かな反発かもしれない。

　AIやRPAが進化すれば失われる業務は必ずある。しかし，経理部の仕事がすべてAIに奪われるわけではない。ベストセラーとなった新井紀子著『AI vs. 教科書が読めない子どもたち』（東洋経済新報社）には，「AIがコンピューター上で実現されるソフトウェアである限り，人間の知的活動のすべてが数式で表現されなければ，AIが人間に取って代わることはありません。」（P.2）と断言しており，シンギュラリティが来ることもないと断言している。経理部の仕事がAIに奪われるとしても，それはマニュアル化された機械的・形式的な業務であり，新井氏の言葉を借りれば，数式で表現されないものはAIに奪われない。

しかし，新井氏は，「シンギュラリティは来ないし，AIが人間の仕事をすべて奪ってしまうような未来は来ませんが，人間の仕事の多くがAIに代替される社会はすぐそこに迫って」（P.3）おり，決められたルールに従って作業すればよいという仕事はAIに代替され，「50％のホワイトカラーが20年，いやもっと短い期間で減る」（P.77）ということが起こるという。しかも，困ったことは，AIによって新しい産業が生まれたとしても，「AIで仕事をなくした失業者を吸収することができない可能性がある」（P.272）と予測する。また，「AI恐慌」とでも呼ぶべき，世界的な大恐慌がやってくるとも予想している（P.273）。

　今後，10年から20年の間に全雇用者の約半数が職を失うというのは途轍もない数字であるが，わたしたちにできることは，AIに奪われる（AIが対応できる）業務をいつまでも抱え込んだりしがみついたりしないことである。そういった業務はとっととAIにやってもらうべきだし，すぐにAIが対応できない事情があったとしてもアウトソーシングをすることを検討すべきである。**経理部員はAIに簡単に奪われない頭を使う仕事（思考を必要とする仕事）に取り組まなければならない。**

心得２：目の前の仕事を極めろ

　第５章で，経理部は企業価値を高める部署に進化しなければならないと述べたが，経理部員は企業価値を高めるだけではなく，自分の価値（Value）も高める努力をしなければならない。Valueが低い人ほど，AIに仕事が奪われていく可能性が高いはずである。

　自分のValueを高める方法はいろいろある。資格取得，大学院進学，留学，副業，転職等，方法はさまざまであるが，**最も大切なことは，目の前の仕事，与えられた仕事を極めることである。**阪急東宝グループ（現・阪急阪神東宝グループ）創設者小林一三氏が「下足番を命じられ

たら，日本一の下足番になってみろ。そうしたら，誰も君を下足番にしておかぬ」という名言を残したのは有名であるが，命じられた仕事で日本一になるほどに目の前の仕事を極めるべきである。

　私が社会人になって初めて勤務したのは大手監査法人であった。正直言って，会計監査が天職なのかどうか，面白いのかどうかもわからなかったが，一通りの監査実務を経験して，会計監査を極めるまでは辞めるつもりはなかった。一通りの監査実務を経験して，自分の中で「やり切った」「極めた」と思えるまでやったからこそ自分のValueが高まったといえる。もし，中途半端なところで辞めていたら今の私はないと断言できる。

　最近，若手社員がすぐに辞めるという話を聞くが，自分の土台ができ上がる前に辞めるのはもったいないと思う。与えられた仕事が望みどおりの仕事でないことのほうが多い。どんなに下らないと思える仕事であっても，下足番を命じられても，享受できるものはあるはずだし，学ぶことはあるはずである。すぐに辞めることを考えず，まずは与えられた仕事をやり切るほうが長期的にみて自分のvalueが高まるはずである。

心得３：経理部の仕事は金庫番でも仕訳屋でもない

　経理部の仕事は金庫番でも仕訳屋でもない。もし，そう思っている人がいたら，考え方を改めるべきである。このような業務はすべてアウトソーシングすればよいし，このような業務の大半はいずれAIが対応するようになる。

　経理部員に限らず，これからの仕事は，AIに簡単に奪われない頭を使う仕事（思考を必要とする仕事）をしていかなければならない。前章までに述べたような，そもそも経理部とは何をする部署なのかといった

「存在意義」や，経理部員は経営者等の利害関係者のために何をするべきなのかといった「目的」を考えながら仕事をすべきである。過去の慣習とか，世間や会社の常識なんて関係ない。倫理的にも道徳的にも正しく，会社や経理部にとってプラスになることであるならば，常識なんてぶっ壊しても構わないと思う。考えて，判断して，行動して，自分と企業の価値を高めていくべきである。

心得４：決算担当者の仕事は，決算を「締める」ことではない

決算担当者の仕事は決算を「締める」ことではない。単体決算担当者は，単体試算表が締まったら業務完了ではない。連結決算担当者は，連結精算表が締まったら業務完了ではない。開示担当者は決算発表が終わったら業務完了ではない。

そもそも経理部は何をする部署なのかという「存在意義」を常に考えるべきである（第１章参照）。そして，決算が終わったら何をすべきかを考えるべきである（第５章参照）。

いわゆる「締め」までの作業は，いずれAIが対応するようになるはずである。決算・開示担当者は，「締め」が終わってからが本当の闘いのはじまりである。

② 「真の経理部」に必要とされる経理部員になるための心得

企業価値を高め，経営をサポートする「真の経理部」になるために，経理部員はどうあるべきか。その心得を述べていく。

心得5：現場（フロントオフィス）で何が行われているのかに関心を持て

　フロントオフィス（事業部門）とバックオフィス（経理部）は，まったく別々に運営されている独立事業体ではない。本来，1つの企業として一体運営すべきものを，企業の規模拡大に応じて専門化した部署として分離されたものである。そのため，フロントオフィスでの価値創造プロセスと，バックオフィスでの価値創造プロセスは，同時かつ並行に行われなければならない。つまり，ある「事象」がフロントオフィスで発生したら，同時かつ並行してバックオフィスで「仕訳」を入力しなければならない（第2章参照）。

　この「事象」と「仕訳」は，「一対一」でなければならない。経理部に回ってきた「書類」（エビデンス）と「仕訳」が「一対一」なのではない。「事象」の発生に対して「仕訳」の入力を行わなければならない。その時に，経理部は，「事象」が実在するものなのか，金額は適切なのか，といったチェックをする役割も担っている。そのチェック業務は，「書類」を見ただけではわからないものも多い。

　経理部員の中には，会社がどのような製品・サービスを販売・提供しているのかを知らない人もいるし，現場で何が行われているのかに関心を持っていない人もいる。知る必要もなければ，関心を持つ必要もないと思っている人もいる。

　しかし，経理部は，他部門から回ってきた「書類」を処理するだけの代行業者ではない。経理部は，「経営の中枢部門」「経営の指令基地」であり，「経営者や事業部門を支援するサービス部門」である（第1章参照）。経理部を「経営の中枢部門」「経営の指令基地」に進化させるためには，まずは経理部員が現場を知る必要がある。現場における仕入・製造・販売・出荷等の業務が目に浮かぶくらいに知っておくことが望まし

い。

　現場を理解するために，できれば現場に出てみるべきである。営業部門，購買部門，製造部門，営業所，工場，子会社等にも積極的に足を運ぶべきである。異動や出向により経理部を離れることに不条理を覚える方もいると思うが，現場を経験するいい機会と捉えることもできる。異動や出向がなく生涯経理部で勤務する場合であっても，現場で何が行われているのかについては常に関心を持っておく必要がある。

心得６：自社の製品・サービスを使え

　現場に関心を持つだけではなく，実際に自社の製品・サービスを使って，体感してみるべきである。メーカーであれば製品を使ってみる，小売業であれば店舗で買い物をしてみる，飲食業であれば店舗で食事をしてみる，サービス業であればサービスを受けてみる。会員サービスがあるなら会員になってみる。アプリがあるならダウンロードして使ってみる。そうやって実際に使ってみなければ，現場のことが理解できない場合もある。また，**顧客の立場を体感しなければ，投資家目線で十分な財務分析やディスクロージャーができない場合もある。**

　BtoBビジネスの場合等，個人で使用・体感できない場合もあるが，その場合でもできるだけ製品・サービスの理解に努めるべきである。

心得７：業界のトレンドや消費者の動向に関心を持て

　自社に関心を持つことも大切であるが，他社（特に競合他社）の動きや，業界内での動きに関心を持つことも大切である。自社の動きは，業界の動きに少なからず影響を受けるからである。具体的には，以下のような事項に関心を持つべきである。

第6章　自己の価値を向上させる経理部員の心得　149

【図表6－1】業界の動向の分析

動向	具体例
業界全体の動向	市場規模，市場成長度
企業動向	売上推移，利益推移，事業ドメイン
販売先動向	販売価格，利益率，商品群，新商品，販売先，販売国
仕入先動向	仕入価格，原価率，仕入先，仕入国
自社位置動向	ポジショニング，業界における役割
業際連携動向	水平連携，垂直連携，異業種参入，新規参入
その他の動向	経営者，人事・労務 倫理観，企業理念，企業不祥事 規制緩和，規制強化，税制改正

　また，競合他社の有報や決算説明会資料等の公表資料から詳細な分析
も実施すべきである。例えば，小売業であれば，競合他社の店舗数（新
規出店数，閉店数），出店エリア，1店舗当たりの規模（面積，客席数），
営業時間帯，品目別売上内容・構成，品目別販売価格，1店舗当たり売
上高，顧客単価等の情報は入手できると思われる。競合他社と自社との
比較分析をすることにより，自社／他社の強み／弱みが見えてくると思
われるし，業界の動き（トレンド）が見えてくると思われる。

　なお，業界の動きを分析する際に，消費者の動向にも関心を持つこと
が望まれる。業界の動きは，消費者の動向に少なからず影響を受けるか
らである。具体的には，以下のような事項に関心を持つべきである。
　なお，【図表6－1】【図表6－2】に挙げたものは一例であり，これ
がすべてでもなければ，これで十分というわけでもない。大切なことは，
これらの各項目を調べることではなく，業界や消費者の動きに「関心」
を持つことである。関心を持てば，テレビ・新聞・雑誌等を見ている時
に，その情報が自然と目に飛び込んでくるはずである。

【図表6－2】消費者の動向の分析

分析項目	具体例
消費者の属性	年齢，性別，職業，所得，地域
消費者の分析	「不」に感じていること 「夢」と思っていること
消費者の価値	～が欲しい，～をして欲しいと思っていること（製品，サービス，価格の分析）
消費者のライフスタイル	顧客の価値観・美意識の多様性

心得8：社会・経済の動きに関心を持て

　現場，自社，業界に関心を持つだけではなく，もっと視点を広げて，社会・経済の動きに関心を持つことも大切である。自社や業界の動きは，少なからず社会や経済の動きに影響されるからである。具体的には，以下のような事項が影響を与える可能性がある。

【図表6－3】社会・経済の動向の分析

動向	具体例
日本経済動向	財政，金利，税制（増税・減税）
世界経済動向	各国のGDP・成長率・景気・失業率
市場動向	株価，物価，金利，為替
人口動向	人口動態，高齢化，少子化
国家動向	国家破綻，ハイパーインフレ，預金封鎖
その他の動向	AI，RPA テロ，戦争，宗教

　なお，自社のビジネスに影響を与える要因を分析する際に「PEST分析」が利用されることがある。「PEST」とは，【図表6－4】のとおり，①政治的要因（Political），②経済的要因（Economic），③社会的要因（Social），④技術的要因（Technological），のそれぞれの頭文字をとったものをいう。

第6章　自己の価値を向上させる経理部員の心得　151

　「PEST分析」は，社会・経済の要因のみならず，政治的・技術的な要因も含め，企業を取り巻くマクロ環境のうち，現在ないし将来の事業活動に影響を及ぼす可能性のある要素を把握するため，外部環境を洗い出し，その影響度や変化を分析する手法をいう。

　【図表6－4】に列挙した項目のすべてが自社のビジネスに影響を与えるわけではないが，ボディブローのように影響を与える要因もあるのではないだろうか。「影響の有無」の欄に「有」「無」を記載し，その「影響度」の欄に「大」「中」「小」を入れていくことにより，自社のビジネスに大きな影響を与える要因がどのようなものかが見えてくる。このような自社のビジネスに大きな影響を与える要因を把握し，それらの動きや変化を知ることも大切である。

【図表6－4】自社のビジネスに影響を及ぼす要因　－PEST分析

自社のビジネスに影響を及ぼす要因		影響の有無	影響度
①政治的要因 （political）	税制，税制改正		
	財政		
	裁判制度・判例		
	政権交代，政治団体の傾向		
	外交，貿易		
	公共投資		
②経済的要因 （economic）	景気，失業率		
	株価		
	物価（インフレ・デフレ）		
	成長率，GDP		
	金利		
	為替		
③社会的要因 （social）	人口動態（世界の人口，日本の人口）		
	世論，流行，世間の関心		
	教育水準		
	治安，犯罪		

	安全保障		
	文化の変遷		
	宗教		
	言語		
	自然環境，地球温暖化		
④技術的要因 (technological)	技術開発		
	新技術の完成度・普及度		
	特許・知的財産		
	IT，AI，RPA		
	医療・生化学		

心得９：利害関係者が何を求めているのかを見抜く力を付けよ

　私がビジネス（商売）をするにあたっては，「プラス１％の法則」と私が勝手に名付けている法則を守るように心掛けている。「プラス１％の法則」とは，顧客の期待を１％でも超えるサービスを提供すれば「ありがとう」がもらえるが，顧客の期待を１％でも下回れば，その時点で信頼を失い，失望される，という私の経験則から導いた法則をいう。

　このプラスマイナス１％の違いは，自身の才能，能力，労働時間，労働環境等とは一切関係ない。顧客の期待を超えようと思っているかどうかの「気持ち」の問題に違いにすぎない。顧客の期待を50％も100％も超える必要はない。ほんの１％超えたら「ありがとう」となる。しかし，どこかで「まぁ，これくらいでいっか」という気持ちになり仕事を妥協したら，一瞬で信頼を失うことになる。常に相手の期待を１％超えることを心掛けておかなければ，ビジネスは永続できない。

【図表6-5】プラス1％の法則

期待を超える結果を出した時
「ありがとう」がもらえる

期待を超える結果を出せなかった時
信頼を失う 失望される

　この「プラス1％の法則」は経理部においても当てはまる。経理部における顧客は，経営者や投資家等の利害関係者である。経理部は，価値ある情報を報告・提供しなければならないが（第1章参照），有価証券報告書や決算短信等，制度で求められたものを，制度で求められたとおりに作成して，公表しさえすればいいというわけではない。**経営者や投資家等が何を求めているのかを見抜き，彼らの期待を超える情報を提供しなければならない。**それを繰り返していくことにより，あらゆる利害関係者から「ありがとう」がもらえる経理部になるはずである。

心得10：自社のストーリーを描け

　第5章でも述べたとおり，経理部は，企業価値を高めるために自社のストーリーを描かなければならない。第5章では事業ドメインは「所与」として，計画，予測，予算，目標を立てる方法を述べたが，自社のストーリーを描く際は，どのように事業ドメインを定義（再定義）したのかというところから描くことが望まれる。

　【図表6-6】は，ドメインを定義（再定義）するために必要な6つの要素をテンプレートにしたものである（記載例は【図表6-7】参照）。

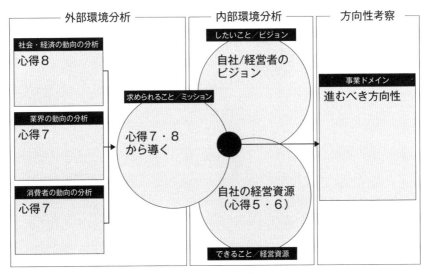

【図表6-6】自社のストーリーの描き方

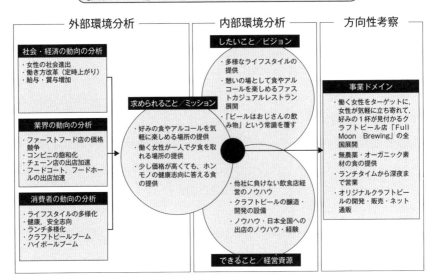

【図表6-7】自社のストーリーの描き方（参考事例）

第6章　自己の価値を向上させる経理部員の心得　155

　ドメインを定義（再定義）するためには，①外部環境分析，②内部環境分析，③方向性考察が必要となる。

　①外部環境分析は，「社会・経済の動向の分析」「業界の動向の分析」「消費者の動向の分析」の3つの分析を行う。それぞれの分析については「心得7」「心得8」で述べたとおりである。【図表6－6】の左側に各分析結果を記入する箱がある。この3つの外部環境分析の結果をもとに，自社に「求められること」が導かれる。それを3つの箱の右側の「求められること／ミッション」の輪に記入する。

　②内部環境分析は，自社の「したいこと」，自社の「できること」の2つの分析を行う。「したいこと」は，自社や経営者のビジョンでもある。「できること」には，自社の経営資源・強み・得意分野・能力等であり，それらを洗い出す。これらは，「心得5」「心得6」で述べたように，現場，自社に関心を持ち，自分の目で確かめ，体感することにより見えてくるのではないだろうか。この2つの内部環境分析の結果を，【図表6－6】の真ん中の2つの輪に記入する。

　③方向性考察は，自社の進むべき方向性（**事業ドメイン**）の考察である。事業ドメインは，【図表6－6】の真ん中の「**求められること／ミッション**」「**したいこと／ビジョン**」「**できること／経営資源**」の3つの輪が重なる部分と整合していなければならない。これらに整合性・一貫性がなければ，「求められていないのにやる」「できないけど（儲けられるから）やる」という，独り善がりで，拝金主義者的なビジネスであると投資家等に受け止められる可能性がある。

　経理部は，なぜ自社がその事業をやるのかの意味・理由を，この①外部環境分析，②内部環境分析，③方向性考察の結果をもとに，整合性・一貫性あるストーリーを描かなければならない。

　なお，投資家に自社のストーリーをプレゼンする際は，①外部環境分

析→②内部環境分析→③方向性考察の順序でプレゼンすることが望まれる。「我が国の社会・経済の動向はこうなっている → 業界ではこういうことがあった → 消費者はこういうものを求めている →我々の強みを活かして，○○をドメインとして，新しい価値を生み出していく」といった流れである。

しかし，「①外部環境分析」を十分に説明せずに，「②内部環境分析」から始めがちである。「我々の強みはこれだ → 競合などいない → よって○○をドメインとして，新しい価値を生み出していく」といった流れである。新興上場企業のIRにおける説明はほとんどこのパターンだという（松田千恵子他著『サステナブル経営と資本市場』（日本経済新聞出版社）P.106より）。

投資家はすべてを相対比較したうえで投資意思決定を行う。そのため，彼らの分析の始まりも「①外部環境分析」からである。ここで，「我々の強みはこれだ → 競合などいない」といったプレゼンをすれば，投資家から独り善がりだと思われる可能性がある。

自社のストーリーをプレゼンする際は，利害関係者が何を求めているのかを理解したうえで，シナリオを作成しなければならない。

心得11：わかりやすく表現するプレゼン力を身に付けよ

投資家に対するディスクロージャーのフロントに立つのはCEOやCFO等の経営者である。経営者に対するディスクロージャーのフロントに立つのは経理部長である。

一経理部員が，投資家・経営者に対して直接ディスクロージャーやプレゼンテーションをする機会は多くないかもしれない。しかし，それらのディスクロージャーやプレゼンテーションのもとになる数字を最も把握しているのは経理部であり，プレゼン資料の原稿のベースとなるもの

第6章　自己の価値を向上させる経理部員の心得　157

を持っているのも経理部である。時にはあなたのもとに投資家・経営者がプレゼンを求めることがあるかもしれないし，何らかのディスクロージャーや説明が求められるかもしれない。経理部員といえどもプレゼン力を身に付けておくべきである。

　わかりやすいプレゼンとは，わかりやすい原稿を読み上げることではない。わかりやすい言葉で論理的に説明することである。そのためには，現状（現場）をきちんと把握し，深く理解しておかなければならない。
　つまり，わかりやすいプレゼンをするためには，以下の3要素が欠かせない。

■わかりやすいプレゼンをするための3要素
① 　現状（現場）を把握する
② 　深く理解する
③ 　それをわかりやすい言葉で論理的に説明できるようにする

　わかりやすいプレゼンとは，「この分野に関することなら何でも聞いてくれ！」といえるくらいに現状（現場）のことを把握し，かつ，それを深く理解することから始まる。そこまでの準備ができていれば，原稿を読まなくても，自分の言葉で説明できるのではないだろうか。自分の言葉でわかりやすく説明できないということは，理解が浅い証拠からだと思われる。

　なお，経理部員は，（口頭での）プレゼン力のみならず，わかりやすい資料を作成する能力に身に付けなければならない。この資料作成能力が経理部員は非常に弱い。第4章でも述べたが，作成する資料の「見やすさ」「わかりやすさ」「伝わりやすさ」は，資料作成者のセンスと技術

が必要となる。センスと技術を磨くべきである。

　経理担当者向けに書かれたエクセルの使い方の書籍や，パワーポイントの使い方の書籍等も参考にして欲しい。また，他社の決算説明会資料において，どのようなパワーポイントを作っているのかも参考にすべきである。いい事例は（著作権に反しない範囲で）パクるべきである。

3 人の上に立つ者の心得

　人の上に立つ者（部下を持つ者）は経理部内でどのように仕事をしていくべきなのか。その心得を述べていく。

心得12：経理部のビジョンを示せ

　経理部に限ったことではないが，組織において人の上に立つ者は「マネジメント」の役割を担わなければならない。

　マネジメントは「管理」と訳され，マネージャーは「管理者」と訳されることがあるが，部下や部下の仕事を管理・監視することが上に立つ者の仕事ではない。**マネジメントとは，経営（社会的価値の創造）を「実行すること」**である。経営について「考えること」（思考すること，デザインすること）と対比されるものである。

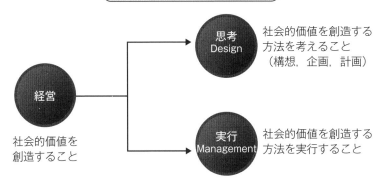

　マネジメントには，(1)方向性を示す，(2)組織を作る，(3)人を作る，という大きな3つのミッションがある（【図表6－9】参照）。

　(1)**方向性を示す**とは，①その組織の「ビジョン」を掲げ，その組織とメンバーに浸透させること，②業務の「プロセス」を示すことをいう。
　企業全体にも経営理念，ビジョン，計画，目標があるように，経理部にもビジョン等を掲げるべきである。わたしたち経理部はどこに向かっているのか，この1年間で何を達成し，何を解決するのか，といったことを掲げ，全経理部員に浸透させなければならない。何のために，誰のために仕事をするのかという「目的」も明確にすべきであろう。
　人は報酬や福利厚生が良ければ組織に集まってくるのではない。ビジョンに吸い寄せられるものである。ビジョンのない組織に人が吸い寄せられることはない。
　②の業務の「プロセス」を示すことも，上に立つ者の重要な仕事である。ビジョン等を達成するために具体的に何をすべきなのか，手取り足取り教えなければならない。「周りを見て学べ」「自分の頭で考えろ」「何でわからないのだ」といったコトバは言ってはならない。これはマネジメントの放棄であり，場合によっては，パワハラ（パワーハラスメ

ント）,モラハラ（モラルハラスメント）になる。なお,「プロセス」を示すことは,「マニュアル」を作ることではない。マニュアルで人は動かない。

(2)**組織を作る**とは,③「チーム・グループ」を作ること,④「仕組み」を作ること,⑤仕事を「割り当てる」ことをいう。

「チーム・グループ」を作る際は,縦割り行政の弊害が出ないように留意しなければならない。例えば,決算担当者と開示担当者を完全に分断して別グループとすることは弊害が多い（第4章参照）。

そして,各チーム・グループの中で,仕事の「仕組み」を作る必要がある。「仕組み」とは,言い換えれば,「脱属人化」「誰でも化」ともいえる。マクドナルドのオペレーションのように,その日に入社したアルバイトでも誰でもできる,という標準化,効率化,単純化したオペレーションシステムを作らなければならない（これを私は「マクドナルド化」と呼んでいる）。

それができたら,適材適所に担当者を割り当てていく。各担当者の能力,経験,仕事のスピード等を見極めて,オペレーションが最もスムーズにいき,さらに各担当者の力が最も発揮でき,各担当者の能力が最も伸ばせるような配置をしなければならない。

(3)**人を作る**とは,⑥動機付けをすること,⑦人を育てること,⑧測定・評価をすることをいう。

仕事の割り当てをした後は「放置」をしているケースが多いが,それでは人は育たない。動機付けをし,教育をし,その結果を公平に測定・評価し,本人にフィードバックしなければならない。

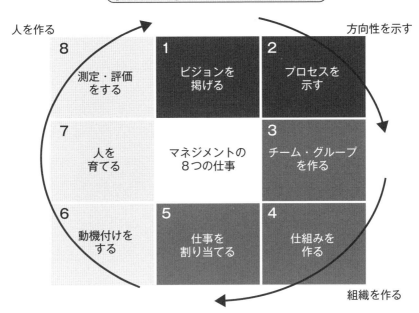

心得13：部門長は部のトップであるだけでなく，他部門との調整弁でもある

「心得5」において，フロントオフィス（事業部門）とバックオフィス（経理部）は，まったく別々に運営されている独立事業体ではなく，本来，1つの企業として一体運営すべきものを，企業の規模拡大に応じて専門化した部署として分離されたものである，と述べた。

ほとんどの企業は，もともと組織の中心に社長がいて，その周りに社員がいるという「蜘蛛の巣型」の組織形態から始まったはずである。それが，規模の拡大に応じて専門化した部署が誕生し，その部署に責任者が置かれ，社長の業務の一部が各部署・各責任者に移譲され，徐々に「ピラミッド型」の組織形態になっていったのではないだろうか。

このような組織の進化の変遷を考えると，経理部長は，経理部のトッ

プとして，自部門のマネジメントだけすればよいというわけではない。社長（もしくは役員，組織）の想いや指示等を自部門に伝える「伝達係」でもあり，他部門との「調整弁」にもならなければならない。また，子会社等への「指示係」にもならなければならない。さらに，他社（競合他社等）との「情報交換係」にもならなければならない。

　経理部長は，経理部のトップであるだけでなく，ピラミッド型組織の重要なピースの1つの責任者でもある。次の「心得14」でも述べるが，決算を率先してやることが経理部長の仕事ではない。

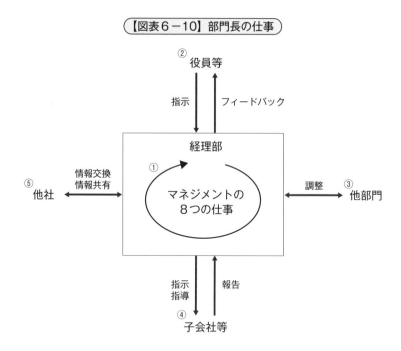

【図表6-10】部門長の仕事

心得14：プレイングマネージャーになるな

　経理部に在籍している人は，経理が大好きという人が多い。そして，

第6章　自己の価値を向上させる経理部員の心得　　163

　経理部長・経理課長は，誰よりも経理を愛していることが多い。「生涯経理」を宣言し，経理部歴何十年という部課長もいる。経理を愛し，経理を極め，経理のプロフェッショナルとして部課長まで登り詰めることは素晴らしいことである。

　しかし，部課長（特に経理部長）の仕事は，マネジメントの仕事（【図表6−9】参照）を率先してやるべきであり，**決算を率先してやるべきではない**。経理部長が決算・開示業務を握り締め，他の社員が決算・開示業務に携わっていないという上場企業があるが，そのような経理部長，経理課長は本来の仕事をしているのではなく，マネジメントを放棄し，部下の仕事を奪っているに過ぎない。子供が夢中になっている遊びを取り上げ，必死になっている大人と同じである。

心得15：属人化は「悪」である

　経理部長・経理課長に限らず，特定の経理部員が決算・開示業務を握り締めている上場企業は，決まって決算発表が遅い。

　決算・開示業務が属人化している企業は，当然のことながら決算資料も属人化している。属人化した決算資料は，どれほどの経験値がある経理部員や会計監査人であっても，読解・解釈するのに時間を要するし，時間をかけても読解・解釈できないものもある。読解・解釈できなければ，作成者に聞くしかない。属人化が「進化」しすぎている企業では，もはやその業務は他の経理部員が理解することも，触れることもできず，これまでの担当者が引き続き抱え込むしかない。

　その属人的状況が続き，業務がブラックボックス化するため，他の経理部員がいつまで経っても育たない。決算処理や開示項目が増えれば，ますます特定の担当者に業務が集中していき，さらなる属人化が進む，という負のスパイラルにはまり込んでいく。

そのため，決算・開示業務が属人化している企業は決算発表が遅い。決算・開示業務が属人化している企業で「30日以内開示」を実現させている上場企業は，おそらくない。

よって，ディスクロージャーが本分の経理部において，決算・開示業務は「マクドナルド化」（「心得12」参照）をしていかなければならない。

「マクドナルド化」するために経理部で実施すべきことは，まず決算資料を標準化（標準テンプレート化）することである。属人化した資料を全廃しなければならない。

すべての資料が標準化されれば，業務が属人化することはない。必然的に決算・開示業務は標準化する。決算・開示業務が標準化すれば，特定の担当者が仕事を抱え込む必要性はなくなるため，部下に仕事を委譲することが可能となる。

それこそ，派遣社員やアルバイトでも決算・開示業務を実施し，「マクドナルド化」を実現させている上場企業もある。これまで伝票入力ばかり実施していた派遣社員やアルバイトも決算・開示業務を実施することになれば，当然それらの経理部員の士気や能力は高まる。そして，特定の担当者が決算・開示業務を抱えていた業務分担を，経理部員全員で実施することになれば，決算・開示のスピードは劇的に早くなり，決算早期化を実現させることができるはずである。

人が育つ上に，決算発表も早くなるのであるから，一石二鳥である。「脱属人化」は，経理部において極めて重要となる。属人化は「悪」である。

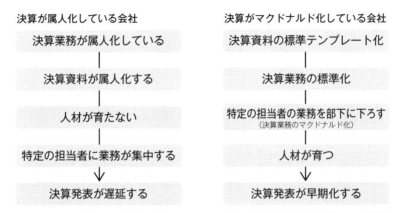

[出処] 武田雄治著『決算早期化の実務マニュアル〈第2版〉』(中央経済社), 一部編集

　なお，経理部員の人材育成については，社内外の研修への参加，専門書・専門雑誌の購読，資格取得のための自己学習等，さまざまな方法がある。ただし，知識量が多ければ，経理担当者としてのValueが高いとは一概にはいえない。やはり大切なことは，実務を通じての育成（OJT）である。

　一流の調理人を目指すのであれば，まずは包丁を握らなければならない。どれだけレシピを覚えても，どれだけ皿洗いをしても，包丁を握らずに調理が上達するはずがない。

　経理担当者も同じである。決算・開示業務における包丁とは，決算資料である。標準化させた決算資料に触れさせたうえで，その作成方法（調理方法）をきちんと教えてあげれば，派遣社員やアルバイトでも決算・開示業務を実施することは十分に可能である。

　まずは実務を経験させること。「あいつにはまだ早い」というのは錯覚である。きちんと「仕組み」を作り，適材適所に人を割り当て，動機付けをすれば，人は育つ（【図表6-9】参照）。

心得16：指示と感謝は具体的に言葉で伝えろ

　あなたが自動車教習所に通っており，座学での講習をすべて受講し終わり，これから初めての運転実習に入るとしよう。あなたは人生で初めて運転席に座る。隣の席に教官が座る。ここで教官から，「おい，お前。エンジンのかけ方もわからないのか！」「いったい，今まで何を勉強してきたんだ！」「だから最近の若いのはダメなんだよ！」と言われる。エンジンをかけ，生まれて初めてアクセルを踏む。しかし，半クラッチの加減がわからず，エンストを起こしてしまう。すると隣の席から教官の舌打ちが聞こえてくる。ようやく車をスタートさせることができたが，あなたは緊張のあまり，アクセルを踏み込むことができない。法定速度に満たないスピードでのろのろ運転をしていると，隣の席の教官が「何やってんだ！」と大声で怒鳴り始める。

　さて，あなたはこの時，どんな心境だろうか。泣きたい気分だろうか。帰りたい気分だろうか。それとも許せないという気分だろうか。憤りでいっぱいだろうか。とにかく，前向きに学ぼうという気分は失せるだろう。

　あなたは経理部の部下に対して，この教官と同じようなことをしていないだろうか。程度の差はあれ，初めての実務に携わる部下に対して，「わからないのか！」「今まで何やってきたんだ！」という暴言を吐いていないだろうか。舌打ちをしていないだろうか。大声で怒鳴っていないだろうか。このような指示・指導をしていたら，多くの部下は委縮し，伸びる芽も伸びない。心優しい部下は，上司に反発することもなく，静かに去っていくはずである。

　上場企業においても，人材がさっぱり定着しない経理部が少なくない。人が定着しないのは，上に立つ者の部下に対する愛と感謝の欠如が原因

ではないだろうか。そして，上に立つ者であっても，部下であっても，仕事におけるストレスの原因の多くはコミュニケーションにある。コミュニケーションが円滑でないと，部下は去っていくはずである。上に立つ者は，愛と感謝をもって，部下に（メールではなく）「口頭で」コミュニケーションを取らなければならない。「口頭で」というのがポイントである。大切なことはメールやLINEで伝えてはならない。コミュニケーションを面倒臭がっていると，上の教官のように見られることになる可能性がある。

4 部下としての心得

経理部での経験が浅い者はどのように仕事をしていくべきなのか。その心得を述べていく。

心得17：若いうちは仕事を選ばず，何でも吸収せよ

人生は思いどおりにいかなくて当たり前。思いどおりにいけば奇跡。今の職場で働くことも，今の部署で働くことも，望んだものではないという人のほうが多いだろう。

人生はそういうものである。これに抗って，異動願を出したり，転職したりすることも，選択肢としては考えうる。しかし，運命として受け入れて，与えられた仕事を全うすることも，選択肢としては考えうる。どちらを選択すべきとはいえないが，一度しかない人生なので後悔のない選択をすべきである。

私は，公認会計士試験（旧2次試験）に合格後，大手監査法人に入所

したが，その時に感じたのは，「公認会計士試験に合格しても，社会人として必要な知識の１％も知らない」という現実であった。１日10時間くらい勉強し，知識を詰め込み，試験に合格したのだから，実務に必要な知識は十分に持っていると思い込んでいたが，実際に実務の世界に放り込まれると「無知にもほどがある」というレベルで，その自分に情けなくなり，仕事中に泣き崩れたこともある。

そこから数年間は年間400〜500冊くらいのペースで本を読んだ。公認会計士になってからのほうが，受験生時代よりも勉強したと思うし，今の私は社会人になってから読んだ本によってでき上がっていると感じる。

つまり，就職活動中の学生や，若い社会人が，「私は文系出身だから，理系の仕事が向いていない」とか，「私は理系出身だから，事務系の仕事は向いていない」とか，あれが得意，これは苦手といった話は，ほぼ思い込みであると思う。

10代，20代で専門分野なんて持っているわけがない。なぜなら，あなたは必要な知識の１％も知らないのだから。専門性は仕事を通してでき上がるものであり，学歴や偏差値なんてまったく関係ない。社会人１年目に営業部門に配属されたのに大手上場企業の経理部長になった人もいるし，学生時代に文学部で哲学を専攻していたのに金融機関の役員になった人もいる。

人生は思いどおりにはいかないが，仕事を選ばずに，何でも吸収すれば，その道の専門家になれる。特に若い間は，スポンジのようになんでも吸収できるだけの脳の柔軟性と吸収性がある。凝り固まらずに，できるだけ多くのものを吸収するように心掛けて欲しい。

その心掛けを持ったうえで，「心得２」でも述べたとおり，まずは目の前の仕事を極めることが大切である。

第6章　自己の価値を向上させる経理部員の心得　　169

心得18：ビジネスアワー以外の時間の使い方で人生は変わる

　ワーク（仕事）とライフ（人生）のバランスを取ることも大切だと思うが，人生の中でワークとライフのバランスを崩すほどに仕事に没頭する時期は必要である。「寝食を忘れる」「我を忘れる」ほどに仕事をしたという経験が「新しい自分」を作る。自分探しの旅をするくらいなら，仕事に没頭したほうが「新しい自分」に出会えるはずである。

　私が監査法人に入所した1年目に，上司と2人でランチをしていた時に，こんなことを言われた。
　「武田君，これから何十年と社会人として働くことになるけど，どういう成長曲線を描くと思う？　右肩上がりの『直線』を描くわけじゃない。最初の1〜2年で急激に成長し，3年目以降はなだらかに伸びていく。最初の1〜2年でできるだけ高い所まで登るんだ。そこで付けた同期との差は，何十年経っても埋まることはないよ」
　私は，この上司の言われたとおり，最初の1〜2年は寝食を忘れるほどに働いた。一睡もせずに30時間以上働き続けたこともある。完全にライフ・ワーク・バランスを崩していたが，あの時の経験があるから今の私があると断言できる。誰しもこういう時期は必要だと思う。
　さらに，仕事の時間以外の使い方も人生を左右する。1日のうちに，勉強をしたり本を読んだりする時間を少しでも確保すべきである。通勤の時間でもいいし，帰り道にカフェに入ることでもいい。**時間の使い方の差が，人生の差となる。**

心得19：自ら手を挙げて，上司の仕事を奪え

　組織における仕事は，基本的にトップダウンで上から下に振られてく

るものである。あなたに与えられる仕事は，直属の上司から振られたものであり，上司の仕事を移譲されたものであるともいえる。

「はたらく」とは，はた（傍）をらく（楽）にすることだともいわれる。部下は与えられた仕事をそつなくこなすのは当たり前であり，上司を楽にすることも考えなければならない。与えられた仕事が早く終わった時，手待ち状態になった時，能力等に余力を感じる時など，どんどんと上司の仕事を奪うべきである。「もっと仕事を与えて欲しい」と言って，断る上司はいないだろう。上の者がやっている仕事を早く経験し，自分の能力と経験値を高めることが，組織の中での出世の近道である。

無能な上司にうんざりすることもあるかもしれないが，その場合は，自分が上司の仕事や役割を全部奪い取り，上司を引きずり下ろすくらいの勢いで仕事をすればいい。

心得20：おかしいと思ったことは上司に直訴せよ

世の中は自分の思いどおりにはならないことばかりだ。不条理なことも多い。組織の中にいても不条理なことは多い。おかしいと思うことがあっても，組織のルールに従わなければならないこともある。

しかし，明らかにおかしいこと，変えるべきことがあれば，上司に直訴し，自分の意見を主張すべきである。

「心得3」でも述べたとおり，過去の慣習とか，世間や会社の常識なんて関係ない。倫理的にも道徳的にも正しいことであるならば，常識なんてぶっ壊しても構わない。会社や経理部がよくなるのであれば，悪しき慣習をぶっ壊してでも構わない。

おかしいと思うもの，変えるべきと思うものがあると思っていながら，それを変えようともせず，陰で文句を垂れるだけの人間にだけはなるべきではないし，下っ端だからといって委縮するのもよくない。自分の意

見は，自分の口で伝えるべきである。

心得21：過去のやり方を踏襲する必要はない

「心得20」にも関連することであるが，過去のやり方がおかしいと思えば，それを踏襲せずに，自分が正しいと思うやり方に変えていけばいい（ただし，最低限の組織のルールには従い，過去・現在・将来の組織のメンバーに敬意を払う必要はある。自分勝手は許されない）。

例えば，日常業務における業務フロー，業務分担，記帳の方法，各種管理方法，決算業務における処理方法，計算方法，決算資料の作成方法等に絶対的な正解はない。各社さまざまであり，担当者によってもさまざまである。かといって，現状がベストの方法であるということもない。必ず改善・修正すべき点があるし，悪しき習慣を何年も引きずっているケースも多い。

そのような明らかにおかしいもの，変えるべきものは，積極的に，主体的に変えるべきである。**経理部を常にアップデートしていくという意識で仕事に取り組む必要がある。**

5 仕事の生産性を高めるための心得

上場企業経理部においても仕事の生産性を高めることが求められるようになってきた。経理部員が生産性を高めて仕事をするための心得を述べていく。

心得22：1日2時間集中すれば大抵の仕事は片付く

「働き方改革」の影響から，上場企業の経理部でも残業禁止，休日出勤禁止というところが増えてきた。かつては「経理部だから残業は仕方ない」という風潮もあったが，今は経理部においても生産性の向上が求められている。

第1章でも述べたとおり，「仕事の量は，完成までに与えられた時間をすべて満たすまで膨張する」（『パーキンソンの法則』）。「今日は終電まで仕事をしてもいいや」と思っていると業務は終電の時間まで膨張する。「決算発表は決算日後45日目でいいや」と思っていると決算・開示業務はその日まで膨張する。膨張した分だけ生産性は低下する。

生産性を高めるにはどうしたらいいのか。もともとやる必要のなかった仕事（膨張した分の仕事）を効率化させることは根本的な解決にはならない。効率化，システム化，人員補強等を考える前に，まずは『パーキンソンの法則』に従い，労働時間を制限すべきである。仕事のデッドラインを前倒しし，かつ，労働時間を強制的に圧縮させなければならない。

私は，監査法人勤務時代も，事業会社勤務時代も，独立直後も，1日10時間でも15時間でも働く人間だった。しかし，今思えば，とても生産性の高い仕事をしていたとは思えない。特に事業会社勤務時代は，メール，ネットサーフィン，会議，打ち合わせ等，重要性が低い業務に1日の大半を奪われ，生産性の高い仕事に没頭している時間は極めて少なかったように思う。

独立してからも同様に生産性の高い仕事に没頭している時間は極めて少ないことが課題であったため，ある時から「コンサルティングの仕事（お客様のための仕事）を1日4時間没頭する」という「4時間ルール」

を設けたことがある。その時間は他の仕事は一切せずに，コンサルティングの仕事のみに集中することに決めたのだ。しかし，実際やってみると，その4時間の中でもメール，ネットサーフィンをしている時間が多く，生産性が極めて低いと感じた。

そこで，「4時間ルール」を「2時間ルール」に変更するとともに，その2時間の間は「ネット・電話を遮断する」「2時間経ったら強制終了する」というルールを追加した。つまり，2時間以上は仕事をできないようにしたのだ。2時間を超えると翌日に繰り越さなければならないため，翌日以降の自分の首を絞めることになる。必然的に仕事を開始した瞬間から集中して仕事をするようになる。

この「2時間ルール」をやってわかったが，**1日2時間集中すれば大抵の仕事は片付く**。そして，かつて15時間働いていた時よりも生産性は向上し，お客様への成果物・納品物の品質もはるかに向上し，顧客満足度も向上した。それ以降，私は1日2時間しかコンサルティングの仕事をしていない。残りの時間は自由時間として，読書をしたり，執筆したり，ブログを書いたり，好きなことをして過ごしている。

企業に勤務していると，会議や打ち合わせ等の参加は避けられない。他部門等からの急な問い合わせや，監査法人からの急な質問対応等もあるだろう。だからこそ，**集中すべき仕事は1日2時間で終わらせること**を考えるべきであると思う。

多くの仕事を抱えている方から「仕事を1日2時間で終わらせるなんて無理だ！」と言われることがあるが，そういう方は重要性の低い仕事を抱えすぎているのではないだろうか。毎日忙しいと感じている方は**その日に必ずやるべき重要性の高い仕事を3つに絞り込むべきである**。そして，その3つの仕事を，その日のうちに2時間で終わらせるべく集中する。その間はネット・電話を遮断し，急な対応も待ってもらう。2時

間も待てないというような急用はほとんどないと思われる。

　まずやるべきことを終わらせたら，残りの勤務時間は自由時間に変わる。ネットサーフィンをしても，会議や打ち合わせに参加しても，ストレスに晒されることはないだろう。最近は副業を解禁する企業が増えてきたので，自由時間に自分の価値（Value）が上がるような副業をしてもいいだろう。

心得23：自分の価値と労働時間は比例しない

　労働時間と生産性が比例しないように，労働時間と自分の価値（Value）は比例しない。

　「心得18」でも述べたように，人生の中でワークとライフのバランスを崩すほどに仕事に没頭する時期は必要である。特に若いうちに，時間を忘れ，我を忘れ，大量の仕事をこなし，大量の知識を吸収するような働き方をする時期は必要である。しかし，むやみやたらと長時間労働をすることがValueの向上につながるわけではない。だらだらと長時間労働をする働き方が染み付いている人は当然にValueが低い。

　「心得22」でも述べたとおり，労働時間を制限したほうが生産性ははるかに上がり，それが自分のValueの向上につながる。残業時間が多いことが評価の対象となる時代ではない。逆に無駄に残業をすることは会社からの評価を下げることになるだろうし，自分のValueを下げることにもなるだろう。

　1日2時間だけでも仕事に集中すれば，他者の10時間分の仕事をこなすことができるはずである。2時間で他者より高い成果を上げ，残りの時間をさらに意義ある時間に使うことができれば，自分のValueは向上するはずである。

第6章　自己の価値を向上させる経理部員の心得　175

心得24：自分の価値と年収はいずれ収斂する

　私は，自分の価値（Value）と年収はいずれ収斂すると思っている。自分に1,000万円のValueがあれば，いずれ年収は1,000万円になるだろうし，自分に3,000万円のValueがあれば，いずれ年収は3,000万円になるだろう。年収を増やすために，残業時間を増やしたり，年収の高い企業に転職したりしても，自分のValueが低ければ，いずれ年収もそれに合わせて収斂していく。

　そのため，年収は結果論だと思い，まずは自分のValueの向上にいそしむべきである。与えられた仕事の生産性を高めるだけではなく，自由な時間に何をするのかによって将来の年収は変わってくるはずである。

心得25：隣の芝を見るな，生き急ぐな

　若くして大きな事を成し遂げた若者が世界的に増えてきたし，同じ年代の人が成功者としてメディアに取り上げられることも多い。身近なところにも成功した人やお金持ちがいるだろう。さらにもっと身近な友人・知人が，自分よりも年収が高かったり，お金を持っていたり，いいクルマを持っていたり，いい生活をしていることを見せつけられることもあるだろう。

　そういった人を羨ましく思う瞬間が誰にでもあると思う。隣の芝生は青く見える。そういった隣の芝を見て，「自分もそうなりたい」と，安易に目先の小金に飛びついてしまうのはもったいない。**キャリアは，隣の芝に飛び込むことではない。自分の芝の上に積み上げていくものである**。積み上げていったものが自分のValueとなり，それがいずれは年収に収斂する。

　今のキャリアを安易に捨てて，すぐに隣の芝に飛び込むことを繰り返

している人を，私は「グラスホッパー」（grasshopper，バッタ）と呼んでいる。芝（grass）をぴょんぴょんと飛び跳ねるグラスホッパーでは，最終的に自分に何も残らない人生となってしまうおそれがある。隣の芝を見ずに，自分の芝をキレイに刈るべきである。

そのためにも，生き急いではいけない。誰しも自分を磨き続ける時間は必要である。どんなプロ野球選手でも年収1億円を超えるには数年を要している。野球をはじめてから数えると10年以上は要しているだろう。どんな分野でも，その道のプロといわれるまでには10年以上かかる。焦らず，生き急がず，目の前のことをコツコツとやり，経験や実績を積みかさねていくことが，成功するための最短距離である。

心得26：転職・独立も考えておけ

目の前のことをコツコツとやることは重要であり，安易に隣の芝に飛びつくべきではない。転職や独立も安易にするべきではない。

しかし，人生のチャンスは一瞬で通り過ぎる。人生はタイミングである。そのチャンスをつかめるかどうかで人生は大きく変わる。そのチャンスがつかめるかどうかは「事前準備」にかかっている。事前準備をしていないと，チャンスがきたことすら気付かないだろう。大きなチャンスがやってきた時に，それを確実に捕まえるための備えはしておかなければならない。

例えば，すでに年収800万円に相当するValueを持っているにもかかわらず，年収500万円の企業での勤務に安住している経理担当者をよく見かける。その企業からまだ享受できるものがあるのであれば，その企業でコツコツと経験を積み，知識を吸収すればいいと思う。

しかし，そうではなく，ただ年収が低い世界で安住し，年収が低いことに不平・不満を言い振らしている人も見かける。自分のValueが上

第6章　自己の価値を向上させる経理部員の心得　177

がった時に備えてあらゆる準備をしておけば，自分の目の前にさまざまなチャンスが通り過ぎていたことに気付いたはずなのに，そういった人はチャンスが通り過ぎたことに気付かないか，通り過ぎても見て見ぬふりをしている。もったいないと思う。

　人間は関心がなければ，視界に入ったものでも，脳が認識しない。スポーツカーに関心のない人は，目の前にスポーツカーが横切っても意識に入ってこないと思うが，関心がある人は必ず振り向くのではないか。関心が脳に情報を持ってくるともいえる。

　自分のValueを高めること，さらに自分のValueを高める世界がどこかにあること，ビジネスパーソン（特に若手のビジネスパーソン）はこの2点への関心を持ち続けるべきである。

【参考文献】

《書籍》

朝倉祐介『ファイナンス思考 ―日本企業を蝕む病と，再生の戦略論』（ダイヤモンド社）

新井紀子『AI vs. 教科書が読めない子どもたち』（東洋経済新報社）

稲盛和夫『稲盛和夫の実学 ―経営と会計』（日経ビジネス人文庫）

武田雄治『「経理の仕組み」で実現する 決算早期化の実務マニュアル〈第2版〉』（中央経済社）

冨山和彦，経営共創基盤『IGPI流 経営分析のリアル・ノウハウ』（PHPビジネス新書）

松田千恵子他『サステナブル経営と資本市場』（日本経済新聞出版社）

《論文》

中島晋「経理・財務部門の本分」『企業会計』（2011年10月号（中央経済社））

《著者紹介》

武田　雄治（たけだ　ゆうじ）

公認会計士
武田公認会計士事務所　所長
関西学院大学商学部卒業。
KPMG（現・有限責任 あずさ監査法人），東証上場企業財務経理部門，コンサルティング会社勤務等を経て，現在に至る。
監査をする側と監査をされる側の両方の経験を活かし，「経理を変えれば会社は変わる」との信念のもと，これまで数多くの上場企業財務経理部門の業務改善を行ってきた。決算早期化，決算業務改善，IFRSの分野では第一人者と称されている。

【著書】『「経理の仕組み」で実現する　決算早期化の実務マニュアル〈第2版〉』（単著），『先行開示事例から学び取る　IFRS導入プロジェクトの実務』（共著）（いずれも中央経済社）など多数。
【ホームページ】「武田公認会計士事務所」　http://www.cpa-takeda.com/
【ブログ】「CFOのための最新情報」　http://blog.livedoor.jp/takeda_cfo/
【連絡先】otoiawase@cpa-takeda.com

「経理」の本分
—部署の存在意義，業務の原則，部員の心得

2019年12月15日　第1版第1刷発行	
2025年5月20日　第1版第12刷発行	

著　者　武　田　雄　治
発行者　山　本　　　継
発行所　㈱中央経済社
発売元　㈱中央経済グループ
　　　　パブリッシング

〒101-0051　東京都千代田区神田神保町1-35
電話　03(3293)3371(編集代表)
　　　03(3293)3381(営業代表)
https://www.chuokeizai.co.jp
印刷／東光整版印刷㈱
製本／㈲井上製本所

© 2019
Printed in Japan

＊頁の「欠落」や「順序違い」などがありましたらお取り替えいたしますので発売元までご送付ください。（送料小社負担）
ISBN978-4-502-32811-4　C3034

JCOPY〈出版者著作権管理機構委託出版物〉本書を無断で複写複製（コピー）することは，著作権法上の例外を除き，禁じられています。本書をコピーされる場合は事前に出版者著作権管理機構（JCOPY）の許諾を受けてください。
　JCOPY〈https://www.jcopy.or.jp　eメール：info@jcopy.or.jp〉

■最新の監査諸基準・報告書・法令を収録■

監査法規集

中央経済社編

本法規集は，企業会計審議会より公表された監査基準をはじめとする諸
基準，日本公認会計士協会より公表された各種監査基準委員会報告書・
実務指針等，および関係法令等を体系的に整理して編集したものである。
監査論の学習・研究用に，また公認会計士や企業等の監査実務に役立つ
1冊。

《主要内容》

企業会計審議会編＝監査基準／不正リスク対応基準／中間監査基準／
四半期レビュー基準／品質管理基準／保証業務の枠組みに関する
意見書／内部統制基準・実施基準

会計士協会委員会報告編＝会則／倫理規則／監査事務所における品質
管理　**《監査基準委員会報告書》**　監査報告書の体系・用語／総
括的な目的／監査業務の品質管理／監査調書／監査における不正
／監査における法令の検討／監査役等とのコミュニケーション／
監査計画／重要な虚偽表示リスク／監査計画・実施の重要性／評
価リスクに対する監査手続／虚偽表示の評価／監査証拠／特定項
目の監査証拠／確認／分析的手続／監査サンプリング／見積りの
監査／後発事象／継続企業／経営者確認書／専門家の利用／意見
の形成と監査報告／除外事項付意見　他**《監査・保証実務委員会
報告》**継続企業の開示／後発事象／会計方針の変更／内部統制監
査／四半期レビュー実務指針／監査報告書の文例

関係法令編＝会社法・同施行規則・同計算規則／金商法・同施行令／
監査証明府令・同ガイドライン／内部統制府令・同ガイドライン
／公認会計士法・同施行令・同施行規則

法改正解釈指針編＝大会社等監査における単独監査の禁止／非監査証
明業務／規制対象範囲／ローテーション／就職制限又は公認会計
士・監査法人の業務制限

●実務・受験に愛用されている読みやすく正確な内容のロングセラー！

定評ある税の法規・通達集 シリーズ

所得税法規集
日本税理士会連合会
中央経済社 編

❶所得税法 ❷同施行令・同施行規則・同関係告示 ❸租税特別措置法（抄）❹同施行令・同施行規則・同関係告示（抄）❺震災特例法・同施行令・同施行規則（抄）❻復興財源確保法 ❼復興特別所得税に関する政令・同省令 ❽災害減免法・同施行令（抄）❾国外送金等調書提出法・同施行令・同施行規則・同関係告示

所得税取扱通達集
日本税理士会連合会
中央経済社 編

❶所得税取扱通達（基本通達／個別通達）❷租税特別措置法関係通達 ❸国外送金等調書提出法関係通達 ❹災害減免法関係通達 ❺震災特例法関係通達 ❻索引

法人税法規集
日本税理士会連合会
中央経済社 編

❶法人税法 ❷同施行令・同施行規則・法人税申告書一覧表 ❸減価償却耐用年数省令 ❹法人税法関係告示 ❺地方法人税法・同施行令・同施行規則 ❻租税特別措置法（抄）❼同施行令・同施行規則・同関係告示 ❽震災特例法・同施行令・同施行規則（抄）❾復興財源確保法 ❿復興特別法人税に関する政令・同省令 ⓫租税透明化法・同施行令・同施行規則

法人税取扱通達集
日本税理士会連合会
中央経済社 編

❶法人税取扱通達（基本通達／個別通達）❷租税特別措置法関係通達（法人税編）❸連結納税基本通達 ❹租税特別措置法関係通達（連結納税編）❺減価償却耐用年数省令 ❻機械装置の細目と個別年数 ❼耐用年数の適用等に関する取扱通達 ❽震災特例法関係通達 ❾復興特別法人税関係通達 ❿索引

相続税法規通達集
日本税理士会連合会
中央経済社 編

❶相続税法 ❷同施行令・同施行規則・同関係告示 ❸土地評価審議会令・同省令 ❹相続税法基本通達 ❺財産評価基本通達 ❻相続税法関係個別通達 ❼租税特別措置法（抄）❽同施行令・同施行規則（抄）・同関係告示 ❾租税特別措置法（相続税法の特例）関係通達 ❿民法通達 ⓫同施行令・同施行規則（抄）・同関係告示 ⓬震災特例法関係通達 ⓭災害減免法・同施行令（抄）⓮国外送金等調書提出法・同施行規則・同関係通達 ⓯民法（抄）

国税通則・徴収法規集
日本税理士会連合会
中央経済社 編

❶国税通則法 ❷同施行令・同施行規則・同関係告示 ❸同関係通達 ❹租税特別措置法・同施行令・同施行規則 ❺国税徴収法 ❻同施行令・同施行規則 ❼滞調法・同施行令・同施行規則 ❽税理士法・同施行令・同施行規則・同関係告示 ❾電子帳簿保存法・同施行令・同施行規則・同関係告示・同関係通達 ❿行政手続オンライン化法・同国税関係法令に関する省令・同関係告示 ⓫行政手続法 ⓬行政不服審査法 ⓭行政事件訴訟法（抄）⓮組織的犯罪処罰法（抄）⓯没収保全と滞納処分との調整令 ⓰犯罪収益規則（抄）⓱麻薬特例法（抄）

消費税法規通達集
日本税理士会連合会
中央経済社 編

❶消費税法 ❷同別表第三等に関する法令 ❸同施行令・同施行規則・同関係告示 ❹消費税法基本通達 ❺消費税申告書様式等 ❻消費税法等関係取扱通達等 ❼租税特別措置法（抄）❽同施行令・同施行規則（抄）・同関係通達 ❾消費税転嫁対策法・同ガイドライン ❿震災特例法・同施行令（抄）・同関係告示 ⓫震災特例法関係通達 ⓬税制改革法等 ⓭地方税法（抄）⓮同施行令・同施行規則（抄）⓯所得税・法人税政令（抄）⓰輸徴法令 ⓱関税法令（抄）⓲関税定率法令（抄）

登録免許税・印紙税法規集
日本税理士会連合会
中央経済社 編

❶登録免許税法 ❷同施行令・同施行規則 ❸租税特別措置法・同施行令・同施行規則（抄）❹震災特例法・同施行令・同施行規則 ❺印紙税法 ❻同施行令・同施行規則 ❼印紙税法基本通達 ❽租税特別措置法・同施行令・同施行規則（抄）❾印紙税額一覧表 ❿震災特例法・同施行令・同施行規則（抄）⓫震災特例法関係通達等

中央経済社

――┌■おすすめします■┐――

学生・ビジネスマンに好評
■最新の会計諸法規を収録■

新版 会計法規集

中央経済社編

会計学の学習・受験や経理実務に役立つことを目的に，
最新の会計諸法規と企業会計基準委員会等が公表した
会計基準を完全収録した法規集です。

《**主要内容**》

会計諸基準編＝企業会計原則／外貨建取引等会計処理基準／連結CF計算書
等作成基準／研究開発費等会計基準／税効果会計基準／減
損会計基準／自己株式会計基準／１株当たり当期純利益会
計基準／役員賞与会計基準／純資産会計基準／株主資本等
変動計算書会計基準／事業分離等会計基準／ストック・オ
プション会計基準／棚卸資産会計基準／金融商品会計基準
／関連当事者会計基準／四半期会計基準／リース会計基準
／持分法会計基準／セグメント開示会計基準／資産除去債
務会計基準／賃貸等不動産会計基準／企業結合会計基準／
連結財務諸表会計基準／研究開発費等会計基準の一部改正
／変更・誤謬の訂正会計基準／包括利益会計基準／退職給
付会計基準／税効果会計基準の一部改正／収益認識基準／
原価計算基準／監査基準／連続意見書　他

会 社 法 編＝会社法・施行令・施行規則／会社計算規則

金 商 法 編＝金融商品取引法・施行令／企業内容等開示府令／財務諸表
等規則・ガイドライン／連結財務諸表規則・ガイドライン
／四半期財務諸表等規則・ガイドライン／四半期連結財務
諸表規則・ガイドライン　他

関 連 法 規 編＝税理士法／討議資料・財務会計の概念フレームワーク　他

―――――――――――――――――――■中央経済社■